AF600996

Lb41 2021

8,827

COUP-D'ŒIL

SUR

LES ASSIGNATS,

ET SUR

L'Etat où la Convention actuelle laisse les Finances à ses Successeurs,

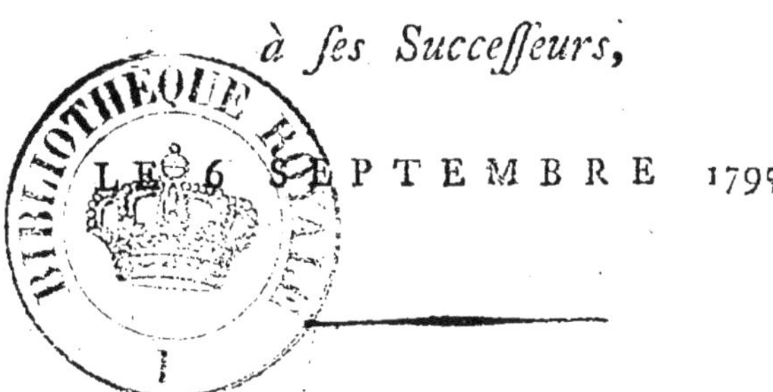

LE 6 SEPTEMBRE 1795.

TIRÉ DE SES DÉBATS.

Par M. D'IVERNOIS,

LONDRES:

SEPTEMBRE 1795.

8,827

COUP-D'ŒIL

SUR

LES ASSIGNATS,

ET SUR

L'Etat où la Convention actuelle laisse les Finances à ses Successeurs,

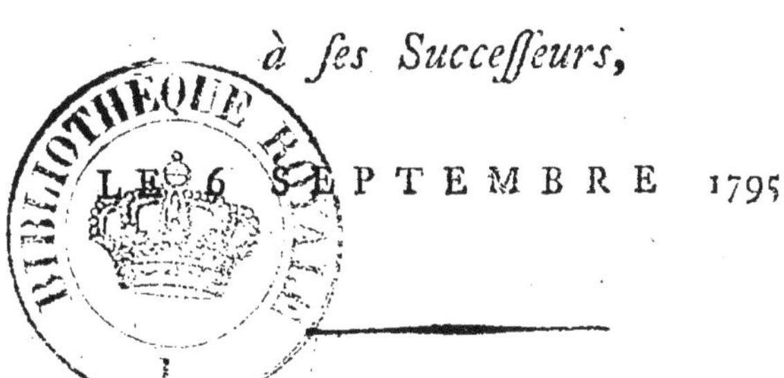

LE 6 SEPTEMBRE 1795.

TIRÉ DE SES DÉBATS.

Par M. D'IVERNOIS,

LONDRES:

SEPTEMBRE 1795.

AVIS DES ÉDITEURS.

LES deux Chapitres que nous présentons ici sont partie d'une Collection que nous espérons donner au Public dans le courant de ce mois, & qui réunira le Tableau de la Révolution Française à Genève, & les Réflexions sur la Guerre. (1)

M. D'IVERNOIS a fait à ces deux Ouvrages des additions considérables, comme on pourra en juger par le Chapitre II, que nous publions ici, & qui n'avait paru ni dans la première Edition de sa Réponse à Madame DE STAEL, ni dans la Traduction Anglaise.

En détachant ces deux Chapitres, qui sont en quelque manière un Traité à part sur les Finances de la République Française, nous avons cru satisfaire la curiosité publique sur cet important objet. Puisse

(1) Cet Ouvrage se trouvera à Londres, & à Hambourg, chez les principaux Libraires.

cet Ecrit, en prouvant aux Français que le secret de leur déplorable faiblesse est connu, accélérer la restitution de toutes leurs Conquêtes, & les appeler ainsi à jouir eux-mêmes avec sécurité, de la Paix générale après laquelle soupire si ardemment l'Europe! Sans doute cette Paix est un grand besoin pour elle; mais qu'elle contemple l'inconcevable épuisement de son Adversaire; & que ses peuples jugent si c'est en lui abandonnant quelqu'une de ses conquêtes, qu'il leur conviendrait d'acheter une trève, que ce sacrifice même rendrait de courte durée.

Les Chapitres qui sont suite à cet Ouvrage, traitent des Finances de l'Angleterre, de quelques préjugés des Français sur la Constitution de cette Isle, & des obstacles insurmontables qui s'opposent à l'établissement de tout Régime Républicain en France.

L'Auteur se propose d'y joindre l'Examen du Projet de la nouvelle Constitution Française.

COUP-D'OEIL SUR LES ASSIGNATS.

CHAPITRE I.

Des Ressources financières de la République Française, dont toute la puissance même militaire consiste exclusivement aujourd'hui dans les Assignats. Marche rapide du discrédit progressif de ceux-ci. Terme prochain & inévitable de leur complette annihilation.

L'AUTEUR des *Réflexions sur la Paix* débute hardiment par l'assertion suivante, dans l'application de laquelle il triomphe ensuite à son gré.

Toute la puissance de la Révolution Française consiste dans l'art de fanatiser l'opinion pour des intérêts politiques. Page 1, ligne 1.

Je nie sans balancer cette proposition fondamentale ; ou plutôt je distingue les deux époques où elle était vraie, & où elle a cessé de l'être ; & je dis : Le fanatisme de la liberté a bien été le levier avec lequel on a renversé la Monarchie Française, & repoussé les étrangers qui voulaient la rétablir; mais pour fonder la République, ou pour la soutenir jusqu'ici, il a fallu un mobile plus fort encore que ce fanatisme, moins merveilleux dans sa durée, comme plus général dans ses effets: en un mot, il a fallu l'invention des assignats; & c'est dans ces assignats, exclusivement, que *consiste aujourd'hui toute la puissance de la Révolution Française.*

Ce sont ces assignats qui ont réussi à mettre tous les intérêts individuels à sa solde; c'est en salariant un million de fonctionnaires civils, c'est-à-dire un million de Prêtres pour cette nouvelle Religion, qu'on l'a étendue par toute la France. Il en est de même de ses conquêtes au dehors: elles ne sont dues qu'à ce que les assignats ont soudoyé & approvisionné jusqu'ici douze cents mille soldats, qui, par leur nombre extraordinaire, ont dû faire des choses extraordinaires. Si donc la République a fait trois fois plus de conquêtes que Louis XIV, c'est que les assignats l'ont mise à même d'entretenir des armées trois fois plus nombreuses.(1) Reste à savoir maintenant si elle ne

---

(1) Si quelqu'un pouvait encore révoquer en doute cette vérité, je n'en appellerai qu'aux aveux suivans prononcés dans le sein de la Convention.

Cambon, le 8 Février, 1795. *Graces soient rendues à l'Assemblée Constituante, qui a créé les assignats! Cette monnaie territoriale a rendu de grands services à la Révolution, en mettant en circulation la valeur des domaines nationaux, en nous fournissant les moyens de*

s'eſt pas épuiſée infiniment plus vîte, & ſi elle n'eſt pas à la veille d'une cataſtrophe ſans comparaiſon plus convulſive que celle qu'éprouva la France au commencement de ce ſiècle ; reſte enfin à calculer juſqu'à quand elle pourra reculer cette cataſtrophe, en retardant l'anéantiſſement de ſes aſſignats.

Tant que ces aſſignats ne furent émis que dans une eſpèce de proportion avec les terres confiſquées qui leur ſervaient de gage, ils méritèrent la confiance, & eurent un grand ſuccès ; mais dès que la Convention, enivrée de cette découverte & de l'immenſité des moyens qu'elle mettait dans ſes mains, ne s'occupa qu'à chercher de nouveaux théâtres de guerre, afin de les y mettre en action ; dès qu'elle commença à exploiter cette riche mine comme ſi elle eût été inépuiſable, tous les ſpectateurs ſenſés annoncèrent le diſcrédit rapide & complet de ce nouveau métal. Ils affirmèrent que rien ne pouvait en prolonger la valeur au-delà de deux ou trois années : ils ſe trompèrent. Mais pourquoi ? C'eſt qu'ils ne pouvaient pas prévoir

---

nourrir, d'équipper, & d'entretenir des armées de 1,200,000 *hommes, de créer des flottes, de cultiver les terres pour en extraire le ſalpêtre, de fabriquer des armes,* &c. &c,

Ce même Cambon, qui a obſervé *qu'un cinquième de la population active de la France était occupée pour la défenſe commune*, s'était écrié le 23 Novembre 1794, dans cette même Convention : *Quelques-uns de mes Collègues ont dit qu'il fallait décréter le régime de Louis XIV ; que lorſque celui-ci ſoutenait la guerre contre les Puiſſances coaliſées, il n'avait dépenſé que* 219 *millions par année, tandis que les dépenſes de celle-ci montent à deux milliards. Ainſi l'on veut faire croire que la Convention eſt la dilapidatrice des fonds publics.*

les moyens vraiment extraordinaires qu'on mettrait en œuvre pour la ſoutenir, & que Robeſpierre viendrait au ſecours des aſſignats chancelans avec deux nouvelles inventions, le ſyſtême du dépouillement, & celui de la terreur.

Sa marche eſt connue. D'abord il décréta que tout numéraire quelconque ſerait ſaiſi contre les aſſignats; enſuite il impoſa la loi du *maximum*, & celle des *réquiſitions*, qui devaient en effet, pendant leur durée, conſerver aux aſſignats, ſinon leur valeur, du moins leur empire. Enfin, comme, pour faire marcher ces deux loix, il fallut en ſolder les innombrables miniſtres,(1) il ſongea à donner une nouvelle hypothèque aux nouvelles émiſſions.

Ainſi ſe développa & s'accrut le ſyſtême de la terreur que Robeſpierre n'enviſagea ſans doute que comme une opération de finances; & qui réuſſit au point que pluſieurs propriétés ſont rentrées trois fois de ſuite dans le tréſor de la République. Chaque aſſignat émis, n'était alors autre choſe qu'une lettre-de-change tirée ſur les Tribunaux Révolutionnaires, &

---

(1) Si l'on eſt curieux de ſavoir ce que coûtait à Robeſpierre ſes innombrables miniſtres de terreur, & leurs Tribunaux Révolutionnaires, voici ce qu'en dit *Cambon*, le 4 Novembre :

" On avait organiſé un Gouvernement, qui, en ſimple ſurveil-
" lance, coûtait 591 millions par année. Auſſitôt, tous les hommes
" accoutumés au travail de la terre, & à celui des atteliers, aban-
" donnèrent leurs occupations ordinaires, occupations qui les ren-
" daient utiles à leurs concitoyens, pour ſe placer dans les Comités
" Révolutionnaires, où ils n'avaient rien à faire, & où ils jouiſſaient
" d'une certaine autorité en recevant 5 liv. par jour."

& acquittée par la Guillotine. On a même imputé à Robespierre d'avoir appelé cet instrument de mort une *machine avec laquelle il battait monnaie.*

Ce qui est évident, c'est que la Guillotine, dépouillant aujourd'hui le spoliateur de la veille, la République trouvait le lendemain dans ses dépouilles le nouveau gage dont elle avait besoin pour de nouvelles émissions. Ces émissions ensanglantées remplissaient leur objet auprès de la foule stupide, qui se figurait que la valeur de l'assignat resterait intacte dans l'intérieur de la République, tant qu'il y resterait des chefs à enrichir d'abord, pour dépouiller après. C'est ainsi qu'à l'aide de cet épouvantable cercle de confiscations, de supplices, & d'émissions, l'empire des assignats se prolongea encore pendant plus d'un an ; c'est ainsi que la République Française approvisionna ses quatorze armées à meilleur marché avec du papier-monnaie, que les Puissances coalisées n'approvisionnaient les leurs avec des espèces. Pour y réussir, il n'en coûta à Robespierre que de dire : " La moitié des propriétés de la France passera violemment de mains en mains."

Cependant les nouveaux acquéreurs ne trouvant pas plus de sécurité que les anciens propriétaires, devaient infailliblement s'associer à eux pour renverser l'oppresseur commun. Il a fallu près d'une année aux Français pour cette association ; mais enfin elle a eu lieu, & il a été traîné à son tour à l'échafaud.

Ici s'ouvre une époque toute nouvelle dans l'histoire des assignats. Comme Robespierre avait été jusques-là le seul chef de parti qu'il n'eut pas été possible d'ébranler en propoſant des meſures plus atroces que les ſiennes, ceux qui lui ont ſuccédé n'ont pu y réuſſir qu'en en promettant de plus douces, & ſur-tout en débutant par abolir la loi du *maximum*, & par mettre en déſuétude la Guillotine qui la ſoutenait.

Quoiqu'ils viſſent bien ſans doute, qu'en ſupprimant le *maximum* & ſon cortége, ils portaient un coup mortel aux aſſignats, il ne leur entra pas même dans la penſée de propoſer une paix générale, qui, en diſpenſant d'en émettre de nouveaux, aurait pu arrêter du moins le diſcrédit des anciens. Ils s'obſtinèrent donc à pourſuivre la guerre, non plus avec des aſſignats forcés, mais avec des aſſignats libres.

Dès cette époque, la valeur relative de ces aſſignats a déchu, & doit continuer à décheoir en raiſon compoſée de la perte qu'éprouvaient déjà les anciens, & de la nouvelle maſſe ajoutée à la maſſe déjà trop forte de la circulation. Ce n'eſt pas tout encore : bientôt leur diſcrédit a pris de jour en jour une marche plus accélérée, & cela par une raiſon bien ſimple. Plus les aſſignats déjà émis ſe déprécient dans le cours d'un mois, & plus la République eſt obligée d'en émettre le mois ſuivant, pour pourvoir à une dépenſe ſemblable ; c'eſt-à-dire qu'elle ne peut faire face au diſcrédit exiſtant & croiſſant, qu'en ajoutant encore à l'impulſion de ce diſcrédit ; ou, en d'autres termes, que plus elle émet d'aſſignats pour ſe ſoutenir aujourd'hui, plus elle ſe condamne à en émettre demain. J'en appelle au dernier mois dont nous connaiſſons la dépenſe, le mois de *Nivoſe*, qui n'a point été un mois de campagne générale, & qui a cependant coûté 428 millions, c'eſt-à-dire à-peu-près le double du mois précédent. J'en appelle encore au ſoin qu'ont eu les membres de la Convention de doubler leurs ſalaires dès le 13 Janvier. Le principe de ce doublement eſt juſte; & même, comme l'obſerva alors *Cambon*, ce même principe aurait preſqu'exigé qu'on les quadruplât, puiſque les aſſignats ne repréſentaient alors que le 27 pour cent de leur valeur primitive. Il n'eſt donc point étonnant que, dix jours après, la Convention ſe ſoit vue forcée de décréter la même indemnité en faveur des autres fonctionnaires civils: il eſt plutôt ſurprenant qu'on ſe ſoit abſtenu juſqu'ici de doubler également la paie des 14 armées; & il ſerait bien plus ſurprenant encore qu'on pût ſe diſpenſer d'élever périodiquement tous ces ſalaires dans la proportion de la baiſſe du papier.

Veut-on connaître le tableau qu'a préſenté la France depuis que la Convention a été forcée de ſéparer les aſſignats de leur unique ſauve-garde, de cette loi du *maximum* qui, en prolongeant un peu leur artificielle exiſtence, devait accélérer, pour ainſi dire, leur violente agonie? Tous les voyageurs s'accordent à dire qu'à peine le peuple commença à entrevoir cette agonie, un eſprit effréné d'agiotage ſur toute denrée, & en général ſur toute choſe ſuſceptible d'être échangée contre ce papier-monnaie, s'eſt introduit par toute la France, & a agité juſqu'aux dernières claſſes de la ſociété. (1) La choſe paſſe de

(1) *Boiſſy d'Anglas* s'en eſt plaint avec force le 3 Mars. *Dans le temps où les objets de commerce manquent*, a-t-il dit à la Conven-

mains en mains, chaque jour, presque chaque heure, & est toujours représentée par une plus grande somme d'assignats, parce que celui qui voulait garder une chose qui lui avait coûté 100 liv. ne peut résister à 150 liv. qu'on lui offre le mois suivant; & qu'à peine ces 150 liv. sont-elles entrées dans son porte-feuille, qu'elles diminuent de valeur relative, & qu'il les échange de nouveau contre une chose qui, au contraire de l'assignat, augmentera de valeur en la gardant, sur-tout si elle est de première nécessité.

Il est vrai que dans les villes neutres frontières de la France le discrédit de ces assignats n'a point été aussi rapide, parce que leur échange contre l'espèce y avait toujours été indépendant de la loi du *maximum* comme de la guillotine, & soumis aux variations de l'opinion par-tout où le commerce est libre. Cependant, comme le taux des assignats dans ces villes frontières est le seul thermomètre qu'on puisse se procurer de leur valeur passée & de leur discrédit futur; pour estimer l'une, & prévoir l'autre, il suffit de savoir que les assignats qui, le 24 Janvier 1795, valaient encore 20 pour cent en Suisse, y sont tombés graduellement à 10 pour cent le 24 Mars; c'est-à-dire que, dans le court espace de deux mois, ils sont tombés de 50 pour cent, puisqu'il est évident qu'il faut

---

tion, *lorsque les réquisitions, les préemptions, les taxations arbitraires des prix, & la législation insensée du maximum, ont découragé les exploitations rurales; les Citoyens sont entraînés d'une manière irrésistible dans l'agiotage. Cet agiotage est une cupidité sans mesure. Ce n'est point un commerce, mais un jeu,* &c. &c.

aujourd'hui 200 liv. en papier pour acheter les 20 liv. en espèces qu'on se procurait il y a deux mois avec un assignat de 100 liv.

La conséquence de cette dépréciation rapide & progressive ne peut échapper à personne ; il est hors de doute que si les assignats continuent à tomber de 50 pour cent tous les deux mois, ils ne vaudront pas même, à la fin de Juillet, les dépenses de leur coût, les salaires de leurs vérificateurs, les fraix de leur transport, & l'embarras de les négocier. Renvoyons néanmoins jusqu'à la fin de l'année cette grande époque. Une fois arrivée, je le demande, quelle ressource restera-t-il à la République pour conserver ses conquêtes étrangères ; c'est-à-dire, pour soudoyer les nombreux soldats qui les couvrent, & qui, quoi qu'on en dise, ne sont plus des *fanatiques*, mais tout simplement des mercenaires armés & disciplinés ? Il ne lui en restera qu'une seule, celle de dissoudre les armées, avant qu'elles se soulèvent ; d'abandonner ses conquêtes, avant qu'elles les évacuent ; & de proposer la paix avant d'être forcée à la recevoir comme une faveur. La restitution des conquêtes, c'est-à-dire le bienfait d'une paix solide, voilà donc les résultats inévitables & rapides de la dépréciation rapide, & inévitable des assignats, si l'Europe a la constance d'attendre ces résultats les armes à la main.

Je dis, *si l'Europe a la constance d'attendre ces résultats les armes à la main* ; car il est évident que la chûte progressive des assignats tient principalement à l'obligation d'en émettre de nouveaux. Or, comme cette obligation est indispensable tant que durera la guerre,

& que je ne disconviens point que les Français n'aient différens moyens d'assurer aux assignats émis une valeur quelconque dès qu'ils pourront se dispenser d'en émettre de nouveaux, c'est-à-dire, à la paix générale ; il est également évident que c'est à la persistance des Alliés dans la guerre, que tient le prompt anéantissement de la dernière ressource des Français pour prolonger cette guerre, & en conserver les fruits : ensorte que chaque Allié qui se retirera de la confédération retardera le terme de la banqueroute totale, en proportion des fraix qu'il économisera à la République Française, c'est-à-dire en proportion des nouvelles émissions dont il la dispensera.

Je sais qu'on va répliquer à ces calculs, que, quelque fondés qu'ils paraissent, ils ne sont point nouveaux, & que néanmoins ils ont été constamment démentis jusqu'ici par la plus funeste expérience ; puisque la France, loin d'avoir été appelée à ralentir ses efforts, s'est trouvée de jour en jour en état de les redoubler, & par cela même ses triomphes. Mais qu'on ne le perde point de vue, c'est précisément cet inconcevable redoublement d'efforts qui en a accéleré le terme prochain. Si les premiers calculateurs se sont trompés il y a quatre ans, sur ce terme en l'anticipant, c'est qu'il ne leur avait point été possible de faire entrer en ligne de compte les mesures désespérées qu'adopterait Robespierre, non point pour éviter la catastrophe qu'ils lui annonçaient, mais seulement pour la rendre plus complette, en la différant. Comment pouvaient-ils soupçonner que la Convention aurait recours à la loi du MAXIMUM, qui, de son propre aveu, a *tué le commerce*, & *anéanti l'agriculture?* (1) à cette loi qui a *ruiné l'induſtrie, qui a trompé la probité fidelle aux loix, & enrichi la criminelle avidité qui les brave?* (2) Enfin, *à cette légiſlation inſenſée qui a mis la terreur à l'ordre du jour, & enfanté l'agiotage; à cette légiſlation à l'aide de laquelle*, obſerve BOISSY d'ANGLAS, (3) *le Gouvernement devint le ſeul commerçant, le ſeul agriculteur, le ſeul manufacturier; à l'aide de laquelle il exerça une tyrannie abſolument inconnue à la terre, & à laquelle s'adaptait l'anéantiſſement de toutes les fortunes par l'aſſaſſinat de tous les hommes riches.*

Qui eſt-ce qui aurait pu penſer que le glaive de la Guillotine pourrait appeler cette loi violente, qui ſoutenait les aſſignats, & la maintenir en fauchant ſans diſtinction les nouveaux propriétaires & les anciens? Qui eſt-ce qui aurait pu calculer avec *Danton*, que pour prolonger d'un peu ſon affreuſe exiſtence, *le monſtre de la Révolution en viendrait à dévorer ſes propres enfans*; qu'un cercle inconnu de ſpoliations aurait pour force centrale le *ſyſtême de la terreur*; c'eſt-à-dire, l'aſſerviſſement complet & ſubit d'une nation belliqueuſe; & qu'au moment même où elle ſe vanterait *d'avoir briſé ſes fers*, elle ſe laiſſerait *menacer toute entière de l'échafaud.* (4)

---

(1) Bréard, 23 Décembre, 1794.

(2) Echaſſeriaux, le 20 Décembre, 1794.

(3) 8 Janvier, 1795.

(4) *Réflexions ſur la Paix*, p. 40.

Me dira-t-on que les calamités de la guerre pourront renouveler cette réaction d'oppreſſion, & reſſuſciter le ſyſtême de terreur? Je le nie, ſans balancer. Ce prodige infernal de la Révolution Françaiſe ne ſe répétera jamais; & bien que le Néron de la France, à l'aide de tous ſes bourreaux, n'ait pas pu le pourſuivre au-delà de quatorze mois, je ne crains pas d'affirmer qu'il lui eût été mille fois plus facile de le prolonger encore une année, qu'il ne le ſerait à ſes ſucceſſeurs de le faire renaître un ſeul jour après l'avoir anéanti.

M'alléguera-t-on que ce Robeſpierre leur a laiſſé derrière lui pour patrimoine d'immenſes propriétés encore invendues, quoique déjà confiſquées, & qui préſentent un gage ſuffiſant à de nouvelles émiſſions d'aſſignats? Je ſais qu'ils ont imaginé de s'en vanter, & qu'ils ont eu l'impudence d'atteſter, au commencement de cette année, qu'il leur reſtait alors une hypothèque ſuffiſante pour émettre encore ſix ou huit milliards de leur papier-monnaie; mais je ſais auſſi que la France y a ajouté ſi peu de foi, que c'eſt préciſément depuis cette atteſtation ſolemnelle que s'eſt accélérée la chûte des aſſignats: enfin, je ſais que ce gage immenſe, en ſuppoſant qu'il exiſtât, (& je prouverai bientôt le contraire), pourrait d'autant moins retarder leur chûte, qu'une annéede dépenſes comme celles des deux derniers mois ſuffirait pour le faire diſparaître.

D'ailleurs, après avoir tracé ici l'hiſtoire des trois premiers actes des aſſignats; ſavoir, 1°, leur crédit par la confiance; 2°, leur empire par le *maximum* & la terreur; & 3°, leur diſcrédit depuis la révocation du *maximum*; il eſt temps d'introduire ici le quatrième Acte, & le plus important ſans doute, puiſqu'il eſt l'avant-dernière Scène de la Banqueroute.

J'ai déjà dit que Robeſpierre n'ayant pu ſe ſoutenir une année que par les derniers excès de la plus violente injuſtice, ſes ſucceſſeurs ne pouvaient ſe ſoutenir qu'en embraſſant des meſures abſolument oppoſées aux ſiennes. De toutes ces meſures, la plus ſure pour eux était celle de ſe coaliſer avec les *fédéraliſtes*, qui, bien qu'écraſés & mis en fuite par Robeſpierre, n'en avaient pas moins encore un parti nombreux & puiſſant. En tactique de parti, rien de plus ſage que cette coalition; mais il faut en convenir auſſi, rien de plus deſtructif pour les aſſignats; car il était évidemment hors des poſſibles que la Convention pût appeler à ſon ſecours les fédéraliſtes, ſans leur offrir la reſtitution des vaſtes propriétés dont Robeſpierre les avait dépouillés.

Le Décret de cette reſtitution n'a point paſſé cependant ſans exciter les plus violens débats; & ces débats ſe ſont même prolongés pluſieurs jours. *Duhem* s'eſt écrié, que cette première reſtitution *aſſaſſinerait la patrie, & décréterait la Contre-Révolution.* (1) D'autres ont annoncé que les aſſignats allaient perdre leur dernière & faible valeur, & que *reſtituer la totalité des biens aux familles qui avaient été dépouillées, ce ſerait atténuer la richeſſe publique.—La richeſſe publique,* leur a répondu Boiſſy d'Anglas, *bâtie ſur la pauvreté des particuliers, eſt un ſophiſme barbare créé dans*

(1) 20 Mars, 1795.

l'antre féroce des Jacobins. Ils ont offert à vos créanciers pour garantie, des propriétés qu'ils sentaient bien que vous n'aviez pas le droit d'hypothéquer. Enfin, lorsque l'un des Députés alarmés lui a demandé avec quoi l'on payerait les fraix de la guerre, *Il ne s'agit point de savoir qui doit payer les fraix de la guerre,* s'est écrié Charrier, *il s'agit de rendre justice; il s'agit de prouver aux peuples, qu'il n'est pas vrai, comme leurs Gouvernemens* (1) *ont voulu le leur faire croire, que la Convention ait égorgé ces victimes pour avoir leurs biens.*

Entraînée par ce beau langage, & par les principes même de justice qu'elle foulait depuis si long-temps aux pieds, la Convention a enfin décrété solemnellement le 20 Mars, la *suspension de la vente*; & bientôt après, la restitution des biens des individus condamnés par les Tribunaux Révolutionnaires de Robespierre.

Qu'on ne s'y trompe point: ce Décret, tout étrange qu'il paraisse, était encore, s'il est possible, moins juste en lui-même, qu'il n'était nécessité par la force impérieuse d'une multitude de circonstances, lesquelles, plus tôt ou plus tard, améneront également la restitution des biens des émigrés, (2) ou tout au moins

(1) On verra dans la page suivante que *Boissy d'Anglas* alla plus loin, & qu'il eut la justice de défendre les *Gouvernemens* étrangers de l'étrange imposture dont Charrier les accusait.

(2) Si cette foule de femmes & de filles infortunées, victimes si innocentes de la Révolution Française, qui traînent aujourd'hui dans l'étranger leur déplorable misère, & y étalent avec elle l'un des plus grands opprobres de la Convention; si, dis-je, elles pouvaient, ainsi que les fédéralistes, se présenter dans cette Assemblée, & lui dire que la timidité de leur sexe leur avait fait deviner

d'une partie d'entr'eux: aussi, quoiqu'il n'y ait guères que six semaines que ce premier décret de restitution a été rendu, (1) on assure qu'il s'est étendu, parti-

---

comme par instinct les crimes du *Jacobinisme*; que, lorsque cette Assemblée se glorifie d'avoir puni ses forfaits, elle ne peut ni continuer à leur imputer à crime de les avoir mieux prévus qu'elle, & d'y avoir échappé par la fuite, ni conserver la fortune dont elle les a dépouillées, & dont les Députés de la Convention tirent une partie de leurs salaires; a l'ouie d'un pareil langage, & au spectacle déchirant que leur affreuse misère présenterait à l'Assemblée, j'ai beaucoup de peine à croire que *Boissy d'Anglas* ne s'en sentît pas ému, & qu'il ne prononçât point de nouveau en leur faveur la belle tirade qu'il déclama le 20 Mars, en faveur des fédéralistes.

Nous savons tous que les confiscations qui ont été la suite des jugemens monstrueux de nos derniers tyrans sont des VOLS, *& que ces* VOLS *ont plongé dans la misère cent mille familles innocentes. Leurs mânes planent dans cette enceinte; ils nous demandent de rendre à leurs veuves, à leurs frères, à leurs enfans, le bien qui leur appartient.— On ose dire que ces biens sont nécessaires au peuple. Peuple Français! lève-toi tout entier avec indignation; repousse avec horreur ces dépouilles sanglantes; rejette ce honteux tribut: il est indigne de toi; il doit te faire frémir; il te rendrait le complice des monstres que tu poursuis, des voleurs dont tu as ordonné le supplice.*

Je le demande, n'est-ce pas dire au peuple Français, *Repousse avec horreur les assignats?* Il y a déjà bien long-temps en effet qu'il devrait en avoir *horreur*. Au reste, ce repoussement ne sera point l'effet d'un sentiment d'horreur; ce sera celui de l'intérêt particulier. Les assignats ont fait naître la guerre: la guerre fera périr les assignats.

(1) Il ne faut pas oublier que déjà, dès le 9 Novembre, la Convention avait décrété la levée du séquestre des biens des sujets des Puissances avec lesquelles la France est en guerre. Ce dépôt s'élevait, dit-on, à près de 5 millions en espèces. Beaucoup de gens l'avaient envisagé jusques-là comme l'un des gages des assignats; & pourquoi non?

4

culièrement à Lyon, fur une foule de familles dépouillées qui n'étaient point fédéraliftes. Et en effet, comment reffufciterait-on le commerce en France, fans y rappeler les commerçans ? & comment y raménerait-on les commerçans & les manufacturiers, fans leur rendre leurs capitaux & leurs atteliers ?

Qu'on ne croie point que ce fameux décret ait été arraché par furprife à la Convention, & qu'elle puiffe être tentée de le révoquer lorfqu'on attribuera à fes effets la chûte totale des affignats. Elle les connaiffait très-bien d'avance ces effets ; & ils lui avaient été prédits avec force par *Le Cointre*, dès le 10 Décembre, 1794. *Je vous le demande dès aujourd'hui*, dit-il à fes collègues, *fi vous faifiez un feul pas rétrograde fur la matière des biens acquis par jugement, confifqués & vendus au profit de la République, que deviendrait la foi de la fortune publique ? Que deviendraient les finances ? Dans quel pofition vous trouveriez-vous ? La confiance ferait totalement ébranlée. Qui déformais pourrait acheter ?...Si fur les biens vous regardez une fois en arrière...je m'arrête....je vous livre à vos réflexions.*

Certes c'était lorfqu'on portait les *regards en avant* fur les biens à confifquer, que *Le Cointre* aurait dû réveiller fon collègue Robefpierre, & *le livrer à fes réflexions*. Ce n'eft point le décret du 20 Mars qui a tué les affignats émis, en reftituant des biens qu'on *n'avait pas le droit d'hypothéquer*, & qu'il était impoffible de conferver ; c'eft Robefpierre, en *volant* ces biens afin de pouvoir émettre de nouveaux affignats, & en prodiguant ces nouveaux affignats afin d'étendre les conquêtes de la République,

En un mot, c'est Robespierre qui a *décrété la Contre-révolution, & qui a assassiné* la République ; car je ne crains pas d'affirmer aujourd'hui qu'elle périra précisément comme avait péri la Monarchie, — PAR LES FINANCES.

En vain la plupart des successeurs de Robespierre s'obstinent-ils encore à tromper leurs compatriotes & l'Europe ; en vain nous parlent-ils toujours de 10 à 12 milliards que produiront les biens des émigrés, & qui, à les entendre, formeront une hypothèque suffisante pour retirer les assignats émis, & pour en émettre encore autant au besoin ; ils savent bien eux-mêmes que rien n'est plus faux ; puisque, d'après leurs propres calculs, il me serait aisé de leur prouver que toutes les confiscations invendues qui leur restent ne valent pas en réalité plus de deux à trois milliards. (1)

---

(1) Dans son fameux Rapport du 22 Décembre, 1794, sur les finances, *Johannot*, que j'envisage comme l'homme le plus honnête, & peut-être le seul honnête, entre tous ceux qui ont manié le trésor révolutionnaire, affirme que les assignats, *quelle que soit leur masse, reposent pourtant sur une hypothèque supérieure.... Des calculs certains*, ajoute-t-il, *attestent que leur hypothèque excède* 15 *milliards. Le revenu d'une année des biens nationaux invendus est d'environ* 300 *millions, qui, calculés au denier* 40, *prix auquel se vendent communément les domaines nationaux, présentent une valeur réelle de* 12 *milliards ; ce qui, avec des fonds non loués, ou objets qui ne sont point en valeur, & qu'on estime au plus bas à* 2 *milliards, &* 1 *milliard pour ce qui reviendra à la nation dans les héritages des émigrés, forme une valeur effective de* 15 *milliards. Jamais papier-monnaie a-t-il porté sur une base aussi solide !*

Lorsque j'entreprends de mesurer cette *base*, on me permettra bien, je pense, de raisonner uniquement sur l'assertion que vient de faire Johannot, qu'au 22 Décembre la masse du revenu des propriétés

Auſſi *Le Sage*, *Boiſſy d'Anglas*, *Cambacérès*, *La Reveilliere*, & *Thibault*, commencent-ils dès-à-préſent à ſou-

---

confiſquées & invendues s'élevait *à environ* 300 *millions*. Or cette eſtimation, en l'adoptant comme vraie, fournit une échelle à-peu-près ſure pour eſtimer en même temps le capital de ces 300 millions, non point en aſſignats, qui bientôt n'exiſteront plus, mais en eſpèces.

Tout le monde ſait qu'avant la Révolution, les propriétés foncières ſe vendaient en France à-peu-près au denier 30, c'eſt-à-dire pour environ 30 fois leur rente ; & perſonne ne diſconviendra que, tant qu'il y en aura une telle maſſe à vendre, il ſera difficile qu'elles trouvent de meilleurs acheteurs qu'au denier 25. Or, il eſt impoſſible qu'elles les trouvent ; 1°, parce qu'une grande partie de ces propriétés conſiſte en maiſons qui ſe détériorent avec une effrayante rapidité ; 2°, parce que Cambon eſt convenu ingénument, le 28 Février, que les autres fonds qui reſtent entre les mains de la République y *dépériſſent auſſi*, & que quant à ceux qu'elle vend, *des intrigans s'en rendent adjudicataires à tout prix. Devenus propriétaires*, ajoute-t-il, *ils en vendent en détail les arbres & les matériaux ; au ſecond paiement la Nation eſt obligée de revendre à la folle enchère, en ſupportant la perte que les détériorations occaſionnent.*

On voit déjà, d'après ces aveux récens, que ce n'eſt qu'à la faveur de *ces adjudications à tout prix*, & cependant ſi ruineuſes, que la Convention ſe vante de temps à autre des ſommes énormes qu'elle retire des biens dont elle annonce l'adjudication d'une manière ſi pompeuſe, mais dont elle ſe garde bien de publier enſuite la rentrée, & la *revente à la folle enchère*.

Je crois donc que perſonne ne me conteſtera que ſi, par impoſſible, la République ſe conſolide, & que tous les biens confiſqués reſtent à ſa diſpoſition, elle ne les vendra jamais en eſpèces à plus du denier 20 de la rente qu'elle perçoit aujourd'hui en aſſignats. Or, ſi elle y réuſſiſſait, leur totalité ne lui procurerait que ſix milliards.

Maintenant, ſur ces ſix milliards de capital auxquels je conſens à eſtimer les 300 millions de revenus, il faut déduire, d'abord les immenſes reſtitutions à faire aux fédéraliſtes & autres, conformé-

lever le voile qui cachait encore l'abyme des finances. *Le gage de vos aſſignats*, a dit le premier, *c'eſt la loyauté*

---

ment au Décret du 20 Mars, 1795 ; & quoique, pour obtenir ce décret, ceux qui le propoſèrent, affectèrent d'affirmer au haſard que ces reſtitutions ne monteraient pas au-delà d'un milliard, je crois pouvoir ſans exagération élever toutes les confiſcations du règne de Robeſpierre au tiers des propriétés encore invendues ; ce qui, en appelant la République à une reſtitution de deux milliards, réduira à 4 milliards le capital des domaines invendus.

Sur ces 4 milliards reſtans, il y a enſuite à liquider les dettes immenſes des émigrés ; dettes que la Convention a décrétées le 1 Janvier, 1795, *à la charge de l'Etat*. Or, comme Cambon a déclaré le même jour que les Emigrés n'avaient pas moins *d'un million de créanciers environ*, & qu'enſuite le Comité de Finances a eſtimé cette liquidation préalable à un milliard 800 millions, elle réduira ainſi à environ deux milliards l'hypothèque du papier-monnaie de la République Françaiſe.

Avec ces deux milliards, elle aurait encore,

1°, A retirer tous les aſſignats en circulation actuelle, leſquels, à en croire ce qu'en diſait *Cambon* le 4 Novembre 1794, s'élevaient déjà alors à 6 milliards 400 millions ; ſomme qui, malgré quelques rentrées poſtérieures, doit très-certainement être portée aujourd'hui à 8 milliards.

2°, A retirer les nouveaux aſſignats qu'il faudra émettre, pour continuer la guerre. Or, qui ſait combien durera cette guerre ? & qui peut prévoir l'émiſſion qu'exigera le mois de Décembre prochain, ſi les Français retardent juſqu'à cette époque l'évacuation de leurs conquêtes ? Si la progreſſion des dépenſes & du diſcrédit eſt toujours la même que celle des trois derniers mois, la maſſe des nouvelles émiſſions peut être déjà incalculable à cette époque ; mais pour mettre tout au plus bas, je ne calculerai la dépenſe de chaque mois qu'à raiſon du mois Nivoſe, ce qui ajouterait, à la fin de cette année, une autre maſſe d'environ 5 milliards.

Voilà donc 13 milliards de papier-monnaie qu'il faudra racheter

Françaiſe, c'eſt la probité de la Nation. Le ſecond, qui ſix ſemaines auparavant venait d'affirmer que les *aſſignats étaient ſans doute un effet d'une inconteſtable ſolidité, une dette de la Nation hypothéquée ſur des propriétés infaillibles,* a tout-à-coup changé de langage avec la Convention. *Vos aſſignats,* lui a-t-il dit le 20 Mars, *ſont des billets dont la garantie eſt votre loyauté ; ils*

---

alors, avec une hypothèque de deux milliards en biens réels.

D'ailleurs, avant d'appliquer le capital de ces deux milliards au rachat du papier-monnaie, on en aura beſoin pour acquitter l'ancienne dette & les intérêts de la dette viagère, qui s'élèvent ſeuls à environ cent millions par année. En ſuppoſant qu'on l'écarte d'un trait de plume, il ſera difficile d'écarter auſſi facilement les brillantes récompenſes qu'on a promiſes au million de ſoldats qu'il s'agira de rappeler en faiſant la paix ; & qui, à raiſon de 2000 liv. chacun, conſommeraient ces deux milliards. Enfin, ce n'eſt pas tout encore ; car le plus preſſant de tous ces beſoins ſera d'employer ces deux milliards à verſer des *ſoins réparateurs ſur toutes les contrées qu'Echaſſeriaux a repréſentées comme n'offrant que des ruines en agriculture & commerce, & réclamant d'immenſes avances.* Que dis-je ! la France, avant d'y pourvoir, aura un ſoin bien plus preſſant encore ; elle aura à aſſurer la marche de ſon gouvernement, en attendant qu'elle réuſſiſſe à lever les contributions que ſes peuples ſe ſont ſi complettement déshabitués de payer. Je doute que ce qu'ils paient aujourd'hui en aſſignats corresponde à 15 millions en numéraire ; & très-certainement le gouvernement ne pourra marcher, agir, & ſe ſoutenir, avec un revenu de moins de 100 millions : or aujourd'hui, une contribution de 100 millions épuiſera les peuples bien plus encore que ne les épuiſaient les 600 millions qu'ils payaient ſous l'adminiſtration de M. Necker.

Que le lecteur médite ſérieuſement ſur ce compte rendu de la fortune actuelle de la France, & de ſes beſoins ; & je doute qu'il s'écrie enſuite avec Johannot : *Jamais papier-monnaie a-t-il porté ſur une baſe auſſi ſolide !*

reposent sur le CRÉDIT *que nous avons droit d'obtenir bien plus que sur toute autre base.* Dix jours après, le troisième avoue franchement que si la Convention se dissolvait, elle allait *laisser les* FINANCES ÉPUISÉES. *Il faut*, s'est écrié le quatrième, (1) *il faut remédier sur-le-champ par les moyens simples, justes, & d'une prompte exécution, au désordre des finances. Si elles périssent, nous périssons, & nous abîmons l'Etat avec nous.* Enfin, pour couronner tant d'aveux alarmans, Thibault a annoncé le 1 Avril à la Convention, *qu'il y avait trois choses dont on ne devrait jamais parler en public: ce sont*, dit-il, *les* FINANCES, *les subsistances, & la Religion.* Il ne m'appartient point de parler ici des deux dernières; mais à Dieu ne plaise qu'elles soient aussi ruinées que les *Finances* de la France; car en pareil cas, ses infortunés habitans ne pourraient plus se relever du coup affreux que leur aurait porté la Révolution.

Que leur République éphémère continue, si elle le veut, à mettre sur ses nouveaux assignats les mots pompeux de DOMAINES NATIONAUX; tout homme clairvoyant ne pourra pas moins s'empêcher d'y lire ces mots effrayans; LOYAUTÉ FRANÇAISE—FINANCES ÉPUISÉES—HYPOTHÈQUE OUTREPASSÉE—RESTITUTIONS COMMENCÉES—EMISSIONS NOUVELLES—DÉPRÉCIATION CONTINUE.

Je n'ai plus besoin d'insister, je pense, sur ce que, dans le cours rapide de cette dépréciation, dans cette réaction violente du discrédit sur le discrédit, chaque cause devient effet à son tour, & augmente, dans une rapidité prodigieuse, celle de ce discrédit, sans quil y

(1) 6 Mars.

ait enfin, pour l'arrêter, aucun autre expédient que la paix. Je veux croire les chefs actuels plus honnêtes gens que leurs prédécesseurs ; mais comme je ne peux les croire plus habiles, je les défie de continuer leur carrière belliqueuse autrement qu'avec de nouvelles émissions d'assignats dépréciés ; je les défie de rendre ou d'assurer, avant la paix générale, une valeur quelconque à la masse des assignats ; enfin, je les défie de retarder long-temps l'époque où le cri du peuple malheureux qu'ils ont à sauver, les forcera à acheter cette paix par le sacrifice absolu de leurs conquêtes ; du moins si la Grande-Bretagne persiste honorablement à repousser toute négociation dont cette restitution complette ne serait pas la base.

Comme il n'est point impossible que, pour en détourner les Anglais, ou pour les ébranler, quelques personnes ébranlées elles-mêmes par les charlataneries du Comité des Finances de France, allèguent ici quelques-uns des projets illusoires dont il se berce, ou du moins dont il berce ses commettans, *pour opérer la rentrée des assignats par des moyens simples, justes, libres & purement volontaires* ; quelque fastidieux que puisse être l'examen de ces projets, je consens à m'y jeter.

Et d'abord, si l'on débutait par me citer ce que disait Johannot, le 22 Décembre, savoir, que la valeur des biens hypothéqués *augmente à mesure qu'on multiplie les assignats, & que c'est à cette progression suivie & correspondante entre le cours de la monnaie républicaine & le prix des propriétés nationales que les Français doivent* & devront *ces ressources inépuisables, qui ont étonné l'Europe & préparé les triomphes de 14 armées* ; je débuterai à mon tour par nier cette prétendue progreſſion *ſuivie & correſpondante* entre la baiſſe des aſſignats & l'élévation du prix des propriétés nationales. Si cette progreſſion avait exiſté à l'époque ou l'annonçait Johannot ; comme à cette même époque les aſſignats perdaient environ 75 pour cent contre l'eſpèce, c'eſt-à-dire les trois quarts de leur valeur, il aurait fallu que les acheteurs euſſent conſenti à donner quatre fois plus d'aſſignats pour un domaine quelconque, & que tel domaine, affermé à 50 liv. de rente, & qui au denier 30 aurait valu 1,500 liv. avant la Révolution, ſe fût vendu au denier 120, c'eſt-à-dire que l'acheteur en eût payé 6000 liv. en aſſignats. Or, Johannot avoue dans le même diſcours que les domaines nationaux ſe *vendent communément au denier* 40 ; c'eſt-à-dire, qu'il avoue en d'autres termes, que le prix des domaines n'a augmenté que d'un quart, pendant que les aſſignats ont baiſſé des trois quarts.

Peut-être quelques perſonnes attribueront-elles cette étonnante chûte des aſſignats, non à leur défaut de valeur réelle, mais uniquement *à la multiplicité de ce ſigne, qui a rompu toutes les proportions entre les objets qu'il repréſente* ; (1) en ſorte, ajouteront-elles, qu'en diminuant la maſſe de ce ſigne repréſentatif, & en dégageant la circulation de la moitié des aſſignats qui exiſtent, on rendrait à ceux qui reſteraient tout leur premier crédit.

Il y a déjà près de cinq mois que le Comité des Finances s'occupe de cette diminution, & qu'il l'annonce comme *indiſpenſable* : mais depuis qu'il a pré-

(1) Diſcours d'Echaſſeriaux le 20 Decembre.

senté à ce sujet, rapports sur rapports, & projets sur projets, il n'a guères réussi qu'à ajouter à l'effrayante masse qu'il voulait réduire, presqu'autant de nouveaux assignats qu'il aurait voulu retirer des anciens. Cependant, comme il a indiqué les moyens suivans pour parvenir ce dernier but, on va voir s'ils sont aussi faciles à adopter qu'à indiquer.

Le premier serait un *impôt*, soit *emprunt extraordinaire*, soit même quelque *taxe révolutionnaire* : (1) mais Cambon, en considérant ce premier moyen, a observé que la loi du *maximum* avait occasionné des pertes trop considérables pour y penser ; & quant aux *taxes révolutionnaires* auxquelles on aurait pu être tenté d'avoir recours, il a avoué ingénument le 3 Février, que l'emprunt forcé d'un milliard décrété en Août 1793, n'avait pu produire *que* 180 *à* 200 *millions*. Etrange décompte au milieu du règne de la terreur !

Le second serait une loterie de 4 milliards, pour engager les porteurs d'assignats à les échanger contre des effets quelconques qui n'auraient plus cours forcé de monnaie ; mais alors, observe encore Cambon, *il faudra leur offrir quelque avantage*. Or il calculait que, si on leur offrait 10 pour cent, il en coûterait 390 millions à la nation, & un intérêt annuel de 131 millions. Certes ce serait là un étrange moyen de soulager les

---

(1) Quant aux *dons civiques & volontaires*, Cambon n'en estime les reliquats constatés qu'à 20 millions. "Personne n'ignore," dit-il, le 24 Novembre, "comment en général ce que l'on appelait *dons volontaires* a été obtenu. On ne peut se dissimuler "que la plupart des dons prétendus libres étaient le produit de la "terreur & de la contrainte."

Finances. D'ailleurs cette *loterie*, soit *tontine*, est impossible; car, ou elle serait volontaire, & pour cet effet il faudrait lui trouver le gage qui n'existe plus; ou cette reprise serait violente, & loin de rendre le crédit aux nouvelles émissions, elle ne ferait que mettre en évidence le sort qui les attendrait à leur tour.

Aussi le troisième des moyens de Cambon était-il la *démonétisation forcée*: mais ajoute-t-il avec candeur, en attaquant le signe monétaire, quelle confiance pourrait-on avoir dans de nouvelles émissions? Ce serait nous mettre *dans l'impossibilité de continuer la guerre.*

Il ne sera point nécessaire d'employer la *force* pour cette *démonétisation.* Elle s'opère suffisamment d'elle-même. La *banqueroute* est déjà commencée: elle achevera de s'accomplir sans qu'on la décrète jamais; & l'on n'en prononcera le mot que lorsque la Convention ne trouvera plus personne qui se soucie de recevoir ses nouveaux assignats: or ce moment s'approche.

Pour en revenir maintenant à l'*impossibilité* où elle se trouvera alors, comme l'observe Cambon, de *continuer la guerre*, quelques personnes se figureraient-elles que la Convention, qui doit prévoir depuis long-temps la chûte totale de son papier, sera à même d'y faire face, à l'aide de l'immense numéraire que lui a procuré le pillage des églises, & qu'elle tient soigneusement en réserve? Mais elle ne dissimule plus elle-même qu'elle l'a dilapidé avec la même imprévoyance que son papier-monnaie; & Cambon a avoué le 2 Novembre, que la totalité de l'argenterie des églises, dont toute l'Europe s'était tant exagéré le rapport, *ne produirait que 25 à 30 millions* (1). Admettons que le fruit de ce facrilége refte encore aujourd'hui dans fes coffres ; cette fomme ne repréfente pas même la dépenfe de 2 jours du dernier mois : néanmoins, comme elle eft en numéraire, fuppofons qu'elle puiffe fournir aux mêmes fraix que fait l'Angleterre, c'eft-à-dire à environ 15 jours de campagne, l'abîme à combler reparaît encore ; & je le demande de nouveau, arrivée à ce terme, à quoi la République Françaife aura-t-elle recours, pour prolonger la guerre & défendre fes conquêtes ? A fes antiques & brillantes reffources ?.....Examinons ce qu'elles font devenues entre les mains de la Convention. Quelles étaient-elles ces reffources ? Son COMMERCE.....Ecoutons fes aveux. *Il a été frappé de mort*, dit Boiffy d'Anglas. (2) *Oui*, ajoute Colombel, *nous fommes tous d'accord qu'on a tout fait pour tuer le commerce, & qu'on n'y a que trop réuffi.* (3).....Ses MANUFACTURES.....Elles font *anéanties*, leurs *atteliers font déferts, les bras qui les fécondaient font expatriés.* (4) Son AGRICULTURE.....Ecoutons ce qu'en difait Pellet le 30 Mars. *L'arbre de la réproduction a été coupé par le pied.* Son CRÉDIT.....Ce crédit qu'elle *eft en droit d'obtenir*, fi nous en croyons Boiffy d'Anglas : mais fur quels revenus tenterait-elle aujourd'hui d'emprunter ? D'après les demi-aveux de Cambon, je doute fort que les contributions annuelles

---

(1) *La chaffe de Genevieve*, ajouta-t-il, *dont on a tant vanté les richeffes, n'a produit que* 21,000 *liv.*

(2) 7 Nivofe. (3) 29 Décembre, 1794.

(4) Echafferiaux, le 29 Décembre.

que paient maintenant les Français s'élèvent à 150 millions en aſſignats. Il n'y a aſſurément pas là de quoi préſenter un ſurplus pour trouver de nouvelles dupes. D'ailleurs, où les chercher?.....En Hollande? Tous les propriétaires ont mis leurs fonds à l'abri. A Gênes ou en Suiſſe?....Il y a près de cinq ans que les capitaliſtes de ces pays ont toutes leurs fortunes englouties dans le gouffre de la *Loyauté Françaiſe*. Graces à elle, il ne leur reſterait plus à lui prêter aujourd'hui que les aſſignats qu'ils en reçoivent.

Enfin, & pour devancer ici à la fois toutes les hypothèſes qu'on enfantera peut-être pour ſuppoſer aux Français les moyens de continuer la guerre auſſi long-temps que les Puiſſances; imaginera-t-on quelque acte d'autorité de la Convention qui démonétiſe les aſſignats; ou bien, que par un accord univerſel, tous ceux qui les poſsèdent les raſſembleront pour en céder les trois quarts ou la moitié, afin de rendre au reſte ſa première valeur? Cette meſure pourrait être aſſez bien entendue, & offrir quelque reſſource; mais ce ne ſera jamais qu'en l'aſſociant à une paix générale, parce qu'elle ſeule pourra diſpenſer abſolument de toutes nouvelles émiſſions. La propoſer aux Français pour continuer la guerre, ce ſerait leur offrir de rentrer dans le cercle dont ils demandent qu'on les ſorte: ce ſerait les inviter à venir brûler la moitié de leurs fortunes ſur l'autel de la Convention, & cela dans l'unique eſpoir de cimenter ſon règne: enfin, ce ſerait leur propoſer de prolonger toutes leurs privations, afin de la mettre à même de prolonger la guerre, & de prolonger le fléau de cette guerre, afin de conserver encore quelques mois de plus la Savoie, Avignon, & les Pays-Bas, ou de retarder d'un peu plus long-temps le retour du Stadhouder en Hollande.

Non, je le soutiens, & je crois l'avoir prouvé, la France ne peut plus faire face à une guerre de conquêtes combinée avec le discrédit de ses assignats, ni au discrédit de ces assignats, combiné avec le systême de modération qui interdit de piller à mesure qu'on a besoin d'en émettre. C'est à l'anéantissement total de ces derniers, & il s'approche, que s'évanouira le dernier charme de la Révolution pour ceux même qu'elle avait enrichis, ou qu'elle fait combattre & qu'elle soudoie. Ici se prépare une convulsion politique incalculable, parce que cette banqueroute frappera à la fois, & par le côté le plus sensible, tous les Français pauvres, & sur-tout les armées, qui, vû leur absence, n'auront pas pu saisir le moment propre à placer leurs assignats, en achetant des terres à vil prix, & qui ne retrouveront plus à leur retour celles qui leur avaient été promises en récompense. Elles deviendront furieuses, en apprenant que la fortune qu'elles croyaient avoir en porte-feuille est aussi nulle pour les spoliateurs que pour les possesseurs légitimes : peut-être exigeront-elles qu'on annulle les ventes de toutes les terres que se seront fait adjuger les Jacobins de l'intérieur, pendant qu'elles s'immolaient sur les frontières ; & une pareille mesure, très-juste en elle-même, pourrait offrir quelques indemnités, tant pour elles que pour les anciens possesseurs : cependant comme elle ne produira rien.

pour soutenir la guerre, alors, mais alors seulement, toutes les illusions seront détruites : la Révolution ne laissera plus appercevoir à la France que les malheureux qu'elle aura faits, les décombres dont elle l'aura couverte, & la démence avec laquelle ses chefs auront épuisé une ressource immense, laquelle, s'ils en avaient usé avec quelque mesure, eût pu suffire aux fraix d'une Révolution, assurer sa marche, & fonder sa durée. On leur imputera, avec raison, comme un crime, d'avoir sacrifié cette ressource à la chimère des conquêtes étrangères. Le mal passé sera sans remède, sans doute ; mais l'unique remède du présent sera la *paix*, comme celui de l'avenir sera *l'économie*. Ces deux mots remplaceront bientôt dans la bouche de tous les Français les mots de *conquêtes* & de *démocratie*. Comme ils auront, à leurs dépens, acquis la preuve que cette démocratie, par la multiplicité de ses agens, & par la jalousie qui empêche de les tirer de la classe instruite & aisée, est le plus dilapidateur comme le plus ignorant des gouvernemens,(1) tous leurs vœux se tourneront vers celui qui, en leur offrant le plus de sécurité, sera en même temps le moins coûteux, le plus protecteur, & le plus simple. Ils se précipiteront dans les bras d'un Chef suprême.

Je ne disconviens point que ce dernier acte de la Révolution Française ne puisse être plus ou moins

---

(1) Ils commencent déjà non-seulement à s'en appercevoir, mais à se l'avouer entr'eux. *En général*, dit Boissy d'Anglas le 7 Nivose, *peu d'hommes instruits & bien payés offrent plus de travail que la multitude ignorante & orgueilleuse*. Voilà assurément un premier retour aux principes d'ordre,

retardé par l'adoption de telles ou telles mesures, & sur-tout par celle de la paix ; mais l'unique point que je me suis proposé d'examiner, était de savoir, d'abord, s'il en est aucune qui, en prolongeant la guerre, puisse retarder long-temps l'annihilation des assignats, qui seuls la soutiennent ; ensuite, si l'Angleterre doit perdre de vue cette dernière catastrophe.

Ici j'entrevois qu'à cette perspective que je présente aux Anglais comme assurée, quelques-uns d'entr'eux tenteront d'opposer l'expérience récente & absolument contraire de la prolongation de leur guerre avec l'Amérique.

« Tous vos calculs, sur la nullité des assignats « peuvent être vrais, diront-ils ; mais dussent-ils se « réaliser plus promptement encore que vous ne l'in- « diquez, chacune des conséquences que vous en tirez « peut néanmoins être absolument fausse ou illusoire. « N'est-ce pas cette même illusion qui prolongea « notre guerre avec l'Amérique, en nous laissant « entrevoir avec certitude la chûte complette de son « papier-monnaie ? Nous atteignîmes avec persé- « vérance, mais à grand fraix, l'époque où le papier « du Congrès fut encore plus déprécié que ne le sera « peut-être jamais celui des Français ; & cependant, « à cette même époque, & malgré la banqueroute « définitive de ce même Congrès, ses forces aug- « mentèrent au lieu de diminuer. En vain opposâmes- « nous à ses finances artificielles nos finances réelles ; « les 140 millions sterling que nous dépensâmes ne « nous aidèrent qu'à poursuivre une guerre qu'ils con- « tinuèrent toujours avec de nouveaux succès. Ils tra- « versèrent tous les obstacles, triomphèrent à la paix ;

« & voyez que depuis douze ans ſeulement qu'ils en « jouiſſent, quoique leur papier ait été anéanti, leur « crédit a repris toute ſa vigueur, leurs revenus « offrent un ſurplus prodigieux, & leur proſpérité « future paraît incalculable. »

Ce tableau eſt vrai ; mais il n'eſt vrai que pour l'Amérique. Quel rapport, je le demande, peut-on établir ici entre elle & la France ?....... Entre l'Amérique appelée à une guerre peu diſpendieuſe, dans laquelle elle avait toute l'Europe pour Alliés ; & la France s'opiniâtrant à une guerre ruineuſe, dans laquelle ſes finances ont à lutter contre les finances de toute l'Europe ?....... Entre le Congrès ayant pour auxiliaires gratuits les armées & les flottes de la France, de l'Eſpagne, & de la Hollande, qui enviſagaient ſa cauſe comme la leur ; & la République Françaiſe, qui, loin d'avoir un ſeul Allié, ſe trouve appelée aujourd'hui à ſoudoyer à grand prix l'inaction même de la plupart des Gouvernemens qu'elle n'a pas armés contre elle ?...... Avait-il beſoin d'emprunts pour faire face à la décadence de ſon papier-monnaie ? Le Congrès trouvait à l'inſtant pour garans les Gouvernemens de Hollande & de France ; il offrait pour gage aux prêteurs des forêts immenſes, & ſans propriétaires ; des forêts qui, quoique ſans culture, augmentaient rapidement de valeur, & qui, avec de nouveaux impôts, mais ſur-tout avec les anciens, auxquels les Révolutionnaires Américains ne s'étaient jamais ſouſtraits, ont ſuffi pour fonder la dette qu'ils eurent le bonheur de pouvoir contracter avec les étrangers. Qu'on me cite les Gouvernemens ou les peuples dont la République Françaiſe peut espérer aujourd'hui le moindre subside pécuniaire ; ou du moins qu'on m'indique le nouveau gage qu'elle aurait à leur offrir. Observons encore que l'Amérique, pour arracher son indépendance à l'Angleterre, ne dépensait que la douzième partie de ce que prodigua celle-ci pour la lui contester ; tandis que la France, au contraire, dépense maintenant à elle seule infiniment plus que toute la Coalition. Observons que les Alliés de l'Amérique & ses ennemis eux-mêmes y portèrent un numéraire considérable, dont ils laissèrent à leur départ une grande partie ; tandis que la presque totalité de celui de la France a passé & passe journellement encore chez ses voisins. Enfin, quel rapport peut-on établir entre deux quantités si incommensurables..... entre les ressources toujours renaissantes de l'Américain dirigé par les mêmes chefs, combattant dans ses propres foyers, pour sa seule conservation ; & les besoins toujours renaissans du Français ne combattant plus que pour des conquêtes éloignées, plus dispendieuses encore à conserver que difficiles à acquérir.... entre les Français, qui, à chaque pas qu'ils ont fait, ont eu quelques nouveaux crimes à se reprocher ; les Français, chez lesquels chacun de leurs succès semble jeter un nouveau germe de guerre civile ; & les Américains, dont l'union croissait par les revers même d'une cause qu'ils eurent soin de ne déshonorer par aucun excès ?...

Ainsi le rapprochement de ces deux peuples, de leurs circonstances, & de leurs ressources, ne sert qu'à prouver qu'elles n'ont rien eu de commun, non plus que leur Révolution : ou plutôt, s'il prouve quelque chose, c'est l'impossibilité de conquérir des peuples

peuples qui veulent se défendre ; c'est ensuite la chûte inévitable du papier-monnaie des Français, & l'incapacité absolue où ils se trouveront d'y suppléer par aucun des expédiens qui suppléèrent à celui des Américains, lors de sa catastrophe.

Je ne saurais trop le répéter, c'est cette chûte qui peut seule forcer les Français à la restitution de toutes les provinces conquises. Qu'on prononce maintenant si, afin d'atteindre cette époque, il n'est pas indispensable pour l'Europe de prolonger sans découragement la guerre, qui, en accélérant cette restitution, assure avec elle le bienfait d'une paix équitable & solide.

Tel est à mes yeux le prix inestimable d'une pareille paix ; telle est l'assurance de l'obtenir, que, lorsqu'on aurait d'avance la triste certitude qu'à la fin de la campagne qui s'ouvre, les deux Athlètes se trouveraient précisément au même point de la carrière militaire d'où ils s'élancent en ce moment, on ne devrait pas balancer à faire de nouveaux sacrifices pour préparer encore une nouvelle campagne ; parce qu'il n'en est aucun qui doive paraître coûteux pour repousser dans leurs foyers ces nouveaux Gaulois, qui menaçaient d'inonder les pays voisins du leur ; parce qu'enfin ils les inonderont tôt ou tard, si on les laisse une fois se saisir des ressources des peuples conquis, pour en conquérir d'autres ; ou si, par le plus lâche des abandons, on achète d'eux une paix trompeuse, en les laissant tranquilles possesseurs du plus petit village étranger où ils ont mis le pied.

CHAPITRE II.

Etat où la Convention laisse les Finances à ses Successeurs, le 6 Septembre 1795.

LE Chapitre qu'on vient de lire ayant été écrit vers la fin de Mars, & l'intervalle qui s'est écoulé depuis qu'il fut publié, ayant déjà fourni toutes les données nécessaires pour prononcer définitivement sur mes hypothèses ; le Comité des Finances, qui s'est élevé contre elles (1), me permettra sans doute de recueillir mes pièces justificatives dans ses débats même. C'est à ce dépôt seul que j'aurai recours

---

(1) Voyez le Rapport du Comité des Finances, présenté le 30 Juin, à la Convention, par l'organe de *Thibault*, qui débute par affirmer hardiment que je suis *pensionné de M. Pitt pour avilir les assignats.*

Il m'est permis, je pense, de ne point m'abaisser à répondre à cette imputation, ainsi que de laisser de côté l'épithète d'*Emigré Français*, dont ce même Comité a jugé également à propos de me qualifier si gratuitement : mais il n'en sera pas de même du défi qu'il me porte de *continuer à suivre toutes ses démarches*, & *à épier toutes ses actions.* Je l'accepte sans balancer; & je vais *continuer à les suivre*, c'est-à-dire à recueillir ses propres aveux, & à les rapprocher.

Je me livre avec d'autant moins de répugnance à cette entreprise, que je soupçonne fort qu'elle ne sera pas de longue haleine ; que la monnaie révolutionnaire, & le Comité qui la frappe, disparaîtront bientôt, & qu'on peut déjà féliciter la France de ce que ce dernier a lui-même, en étouffant si promptement l'hydre des assignats,

porté le dernier coup à la dernière tête
de la rebellion.....

aujourd'hui pour rapprocher ses dénégations de ses aveux, pour montrer que, loin de m'être permis aucune exagération dans la plupart de mes pronostics, j'y étais resté fort en arrière de la vérité ; & que, si mes principales assertions pouvaient être contestées, ce serait par cela seul qu'elles n'étaient ni assez affirmatives, ni assez sévères.

Première Assertion.

La Proposition fondamentale dont je suis parti dans le Chapitre précédent, était celle-ci : *Que toute la puissance de la Révolution Française consiste exclusivement dans ses assignats.* J'avais ajouté que les conquêtes momentanées de la République n'avaient été dues qu'à la profusion de son papier-monnaie ; & que, lorsque cette mine serait épuisée, & qu'on ne pourrait plus soudoyer les nombreux soldats qui défendent ces conquêtes, il ne resterait qu'une seule ressource ; celle d'abandonner ces conquêtes avant que les armées les évacuent, & de dissoudre celles-ci avant qu'elles se soulèvent.

Si cette première assertion a paru hasardée à quelques lecteurs, je les invite à la rapprocher de l'aveu suivant que le Député *Dupuis* a laissé échapper le 7 Avril dans la Convention.

On trouva la planche des assignats infiniment plus commode que le rôle des contributions ; & dès-lors, ne calculant plus les dépenses, l'Assemblée Constituante transmit cette planche FECONDE *à l'Assemblée Législative, qui nous l'a fait passer. En même temps, ces Assemblées nous ont transmis le fardeau de la dette publique, infiniment plus pesant qu'elles ne l'avaient reçu ; & elles nous ont* LÉGUÉ LA GUERRE *avec toutes ses dépenses & la responsabilité de leur erreur. En créant une nouvelle monnaie, nos prédécesseurs n'ont pensé qu'aux moyens* de COMMENCER LA RÉVOLUTION, ET NON A CEUX DE LA FINIR.

Il y a donc déjà précisément cinq mois que la Convention en est réduite à chercher quelque *moyen* de *finir la Révolution*, que la *planche* des assignats avait si brillamment *commencée !* Ce sont ses propres membres qui publient eux-mêmes que cette *planche féconde* ne suffira point pour prolonger & terminer la *guerre* que leur ont *léguée*, disent-ils, les Assemblées précédentes ! Enfin, ce sont exclusivement leurs prédécesseurs qu'ils accusent de n'avoir point su *calculer les dépenses !*

SECONDE ASSERTION.

J'ai avancé que *c'étaient les assignats qui avaient réussi à mettre tous les intérêts individuels à la solde de la République*, & que c'était *en salarians un million de fonctionnaires civils, c'est-à-dire un million de Prêtres pour cette nouvelle Religion, qu'on avait réussi à l'étendre par toute la France.*

Cette assertion qu'on m'a contestée, & qui, si elle est fondée, présente la véritable clef de la Révolution Française, a été cependant confirmée depuis, de la manière la plus démonstrative, par l'aveu suivant qu'a fait *Johannot*, le 14 Avril, au nom du Comité des Finances. LE MOUVEMENT RÉVOLUTIONNAIRE NOUS A CONDUIT A SALARIER UN PLUS GRAND NOMBRE

D'INDIVIDUS QU'IL N'EN FAUDRAIT, ET QU'ON N'EN EMPLOIE POUR ADMINISTRER TOUS LES ÉTATS DE L'EUROPE. (1)

Il reſte donc maintenant, ou à expliquer comment la République pourra conſerver ſes innombrables ſectateurs, lorſqu'elle ceſſera de les ſalarier; ou à découvrir, pour les ſalarier, quelque nouvelle reſſource, ſoit durable, ſoit momentanée, qui puiſſe ſoutenir les aſſignats, ou y ſuppléer.

TROISIÈME ASSERTION.

Après avoir tracé l'hiſtoire des aſſignats & de leur dépréciation graduelle, depuis leur origine, juſqu'au commencement de cette année, je m'étais borné à préſenter comme probable qu'ils *continueraient à tomber de 50 pour cent tous les deux mois.* Qu'eſt-il arrivé depuis le mois de Mars où j'avançais cette hypothèſe, & où les aſſignats valaient encore 10 pour cent? C'eſt qu'à la fin de Mai ils ne valaient déjà plus que 5 pour cent; qu'au moment où j'écris ceci ils ſont tombés à 2 ½ pour cent; & que, s'il en faut croire les derniers papiers Français, il eſt déjà quelques départemens où l'on ne les enviſage que comme une *monnaie illuſoire.* (2) Je ne prétends point ga-

(1) A l'appui de cet aveu, *Dubois Crancé* eſt convenu, le 5 Mai, que *la ſeule Commiſſion de Commerce comptait* 35 *mille employés à ſon ſervice.* A ce ſecond aveu, il faut ajouter encore celui de *Deſermont*, qui couronne l'un & l'autre. Ce Député a révélé, le 7 Juillet, que *les frais des adminiſtrations des diſtricts, étaient plus conſidérables que les productions du territoire qu'elles avaient à adminiſtrer!!!*

(2) Le Rédacteur du *Batave* a publié le 14 Août une lettre du Prépoſé aux ſubſiſtances militaires du Département du Nord, qui lui

rantir cependant que les chances révolutionnaires, les Décrets violens de la Convention, & ses mesures désespérées, ne puissent suspendre ou ralentir plus ou moins une dépréciation aussi rapide : mais j'affirme de nouveau, que, quelles que soient ces mesures, l'époque s'approche où les assignats ne vaudront pas même *les salaires de leurs vérificateurs*, & où ils éprouveront le même sort que celui du papier-monnaie de la plupart

---

mande avec indignation : *Rien ne peut donner une idée du discrédit de notre monnaie ; elle n'est regardée dans ce pays que comme illusoire. A Gand, on m'a pris, pour un simple souper pour moi, mon domestique, & deux chevaux,* 1125 *livres payées d'avance, ou* £.18 *en argent. Ce brigandage au premier jour entraînera de funestes conséquences, si le Gouvernement n'y apporte un prompt remède.*

On trouve aussi l'article suivant dans le *Courier Français* du 20 Août. *Plus la Convention fait de pas vers le terme de sa carrière, plus l'horison s'éclaircit, & plus notre change perd faveur. Quelle est cette énigme ? . . . . En attendant la solution du problême, nous souffrons beaucoup de cette progression inverse.... Les assignats tombent dans le plus effrayant discrédit. On ne les reçoit plus en plusieurs endroits qu'au* 40e *de leur valeur nominale. Dans la West Flandre, dans le Brabant, &c. &c. ils n'ont plus de cours commercial : les affaires s'y traitent en espèces. Si la Convention ne prend des mesures, bientôt nous aurons, comme en Amérique, une omelette pour* 1800 *livres.*

Mais ce qui est encore bien autrement alarmant que tous ces faits, c'est la nouvelle menaçante que le Député *Roux* a communiquée à la Convention en lui dénonçant que *les mariniers d'un passage sur la Seine, qui demandaient l'année dernière* 100 *livres pour y hâler un gros bateau, ce qui n'exige qu'un travail de deux heures au plus, demandent aujourd'hui jusqu'à* 40 *mille livres pour passer un seul bateau.*

Le Moniteur, qui rend compte de cette dénonciation, ajoute, il est vrai, que *toute l'Assemblée s'était levée d'indignation.* Cette *indignation* n'en est pas à son dernier terme.

des différens États-Unis de l'Amérique, papier que les propriétaires jetèrent au vent lorsqu'ils ne trouvèrent plus personne qui fut tenté de donner un dollar en espèces contre un billet de mille dollars.

Suivant toute apparence, les assignats atteindront ce dernier terme de leur agonie avant le commencement, ou tout au moins avant la fin de la campagne prochaine; & alors, je le demande de nouveau, avec quoi entretenir & solder les 14 armées au moyen desquelles la Convention défend encore les nombreuses conquêtes qu'elle réunit en ce moment avec tant de confiance à sa République *indivisible?*

QUATRIÈME ASSERTION.

En suivant la marche & les conséquences inévitables de cette dépréciation, & en indiquant que la Convention s'était permis le 13 Janvier de doubler les salaires de ses propres membres, je m'en étais tenu à faire observer qu'il serait *surprenant qu'elle pût s'abstenir long temps de doubler également la paie de ses* 14 *armées.* Certes elle a été obligée de faire bien davantage encore, puisque les justes réclamations de ses troupes, & leurs désertions croissantes, lui ont enfin arraché le 23 Juillet une paie de deux sols par jour en *numéraire* pour les soldats & sous officiers de toutes armes. Or comme cette augmentation, qu'elle appelle modestement un *supplément,* correspond à 80 sols en assignats, ce supplément a sextuplé la paie originale, qui était de 15 sols en papier.

S'il était vrai, comme la Convention s'en vante, qu'elle eut sur pied un million de soldats, ce supplément seul l'appellerait à une dépense de 3 millions par mois en numéraire; mais comme j'ai d'assez bonnes raisons de croire que ses armées effectives ne s'élèvent pas aujourd'hui à plus de 500,000 hommes, je réduirai cette nouvelle dépense à 1,500,000 liv. par mois. (1) Reste maintenant à savoir avec quel trésor, & pendant combien de temps, elle pourra faire face à ce Décret. Déjà huit jours après l'avoir fait passer, le Comité des finances, en insistant auprès de la Convention sur l'absolue nécessité de l'exécuter, s'est vu dans l'obligation de lui en proposer un autre, qui a ordonné de *transporter incessamment à la monnaie, tous les objets en or vermeil, argent & autres, qui existent, soit à la trésorerie, soit dans les magasins nationaux.*

Ainsi donc, la Convention en est déjà réduite à la dernière ressource des dilapidateurs! Elle en est réduite à avouer publiquement à ses ennemis qu'elle fond ses bijoux pour solder provisoirement ses armées;

---

(1) Au surplus, il est impossible qu'elle puisse se dispenser d'accorder aussi *en numéraire* un supplément proportionnel aux officiers de toutes armes, dont la paie se trouve maintenant de 10 à 15 sols par jour moindre que celle du soldat. Aussi lui arrive-t-il des plaintes de toutes parts; & les simples capitaines attestent que, pour être payés comme ils l'étaient il y a trois ans, il faudrait qu'ils reçussent aujourd'hui 6000 livres par mois en assignats; ce qui, en effet, ne correspond qu'à environ 6 louis.

Les plaintes des autres Fonctionnaires publics ne sont ni moins multipliées, ni moins justes, ni moins inquiétantes. *Les véritables indigens,* a dit Cambacérès, le 21 Juin, *sont les Fonctionnaires publics, les salariés par la Nation, & les créanciers de l'État pour de petites sommes.*

& néanmoins, dans sa démence, elle parle encore de conserver ce qu'elle appelle le *cercle brillant de ses conquêtes*, qui n'est autre chose que le cercle de ses misères!

Mais ce ne sont pas seulement ses armées au secours desquelles il a fallu qu'elle accourût. Trois semaines après ce premier Décret, elle s'est vue forcée à adopter des mesures tout aussi ruineuses en faveur des autres fonctionnaires publics, & même en faveur des malheureux rentiers qui ne touchent plus aujourd'hui que la 40e partie de leurs rentes. Le Comité de Salut Public a fait afficher qu'il ferait distribuer, dès le 17 Août, *aux gens peu aisés, aux rentiers, & aux fonctionnaires publics, de la chandelle, du sucre, de l'huile, & de la morue*, pour environ le quart des prix courans. Il est vrai que cette mesure n'a encore été adoptée qu'en faveur de la capitale; (1) mais si c'est-là ce qu'on appelle *une mesure de salut public*, c'est-à-dire de nécessité impérieuse, à quoi tient donc aujourd'hui le *salut* de la République Française, & la conservation de ses conquêtes?

CINQUIÈME ASSERTION.

J'avais dit que *la banqueroute était déjà commencée*, & que les diverses mesures de finances adoptées en Mars

(1) C'est la capitale qui fixe maintenant toute la sollicitude du Comité de Salut Public, & qui appelle celui des Finances aux plus énormes sacrifices. *La viande*, dit Vernier, le 16 Juin, *coûte déjà à la Nation*, 12 *liv. la livre, elle lui en coûtera bientôt* 18 *à* 20 *liv.*; *ce qui fait par mois*, ajouta-t-il, *pour la seule consommation de Paris, une somme de* 37 *millions.*

dernier par la Convention, pouvaient en être envisagées comme *l'avant-dernière scène*. Les papiers de Paris n'ont pas tardé à vérifier cette espèce de prédiction. Voici comment s'est exprimé à ce sujet le Rédacteur du *Courier Universel* du 24 Mai.

" Le spectacle que la France présente en ce mo-
" ment, est horrible. Le Gouvernement est en état
" de *banqueroute* à l'égard de ses créanciers ; les débi-
" teurs de l'Etat sont en état de *banqueroute* à son
" égard ; & tous les Citoyens le sont à l'égard les
" uns des autres. C'est l'effet nécessaire de l'incer-
" titude & de l'arbitraire, résultat malheureux de
" l'émission fréquente & exagérée des assignats, &
" de la diminution ainsi que de la disparution du
" numéraire métallique." (1)

---

(1) Je ne sais si les Rédacteurs de ce Papier sont du nombre de ceux qui ont été mis en arrestation par la Convention : tout ce que je sais, c'est que celle-ci complette peu à peu la *banqueroute*, sans permettre que ceux sur qui elle frappe en prononcent le mot. Mais n'aurait-elle point dû, avant tout, imposer silence à ceux de ses propres membres qui proclament imprudemment cette banqueroute universelle, & entre autres, à *Jean-Bon Saint-André*, qui, six jours auparavant, avait interpellé ses Collègues en ces termes : *Que diriez-vous à un cadet de pays de droit écrit, qui viendrait vous dire : Mon père, mort avant la Révolution, m'a laissé un douzième dans sa succession ; ce douzième est resté dans les mains de mon frère aîné. Aujourd'hui, il veut me rembourser ; mais comme les assignats sont dans le rapport de 15 à 1, il se trouve que je n'hérite que du 180*e *de la succession de mon père, quoique son intention ait été de me faire jouir d'un 12*e *! Il en est de même du fermier à l'égard du propriétaire.*

Si tel était le bouleversement de toutes les transactions privées,

Il est difficile en effet d'imaginer une banqueroute plus ouverte que celle d'un débiteur qui ne paie à ses créanciers que la 40e partie de ce qu'il leur doit. Tel est aujourd'hui le cas de la France, dont la faillite ne diffère des faillites ordinaires, qu'en ce que la République n'arrête point ses paiemens; mais qu'au contraire, en remboursant à jour fixe & avec des chiffons de papier les étrangers qui lui avaient prêté

---

lorsque les assignats se trouvaient encore dans le rapport de 15 à 1, que doit-ce être depuis qu'ils sont dans le rapport de 40 à 1?

L'exemple que je viens de citer devrait suffire sans doute; mais il en est un bien autrement effrayant encore, & que le Comité de Législation a dénoncé le 13 Juillet en ces termes:

Ce qui a singulièrement frappé votre Comité, c'est le brigandage auquel plusieurs maris n'ont pas honte de se livrer envers leurs femmes. En voici l'espèce: Une femme a apporté à son mari pour dot un immeuble de 30,000 liv.... Celui-ci, profitant, ou plutôt abusant d'une loi, (qui par la trop grande latitude qui lui a été donnée, est devenue trop favorable peut-être aux caprices des passions, aux suggestions de l'inconstance, & aux calculs honteux de la corruption & de la cupidité,) demande & fait prononcer le DIVORCE. . *Si la femme n'a droit qu'au remboursement du capital de la dot, ce remboursement s'opère par la vente du 10e ou peut-être du 20e de l'immeuble: le mari retient le surplus au mépris de la probité dont il se joue, & passe dans les bras d'une autre femme, qu'il enrichit des dépouilles de la première.*

Ces affreux exemples d'immoralité, de corruption, & de mauvaise foi, sont malheureusement trop nombreux, & il est instant d'y remédier.

La Convention, pour y *remédier*, révoqua immédiatement plusieurs de ses loix sur le divorce, ordonna la révision de toutes les autres, & suspendit le remboursement des rentes créées avant le 1er Janvier 1792. Maintenant, je le demande; décréter la suspension provisoire des remboursemens en assignats, n'est-ce pas décréter expressément la non-valeur de la monnaie révolutionnaire, ou, en d'autres termes, la banqueroute de la Révolution?

des espèces, elle persiste à vanter sa *loyauté* & la *bonne foi Française impérissable.* (1)

SIXIÈME ASSERTION.

En estimant l'accroissement probable des nouvelles émissions d'assignats; *pour mettre tout au plus bas*, j'étais parti du *déficit* du mois de *Nivôse*, qui ne s'était élevé qu'à 428 millions, & je m'étais borné à en conclure *qu'à la fin de l'année il y aurait en circulation une nouvelle masse d'assignats d'environ cinq milliards.*

Quoique je ne connaisse point avec exactitude le *déficit* des mois suivans, j'ai tout lieu de croire que l'émission des cinq nouveaux milliards que je renvoyais à la fin de l'année, est déjà outrepassée. On en peut juger par ce qu'a dit *Bourdon de l'Oise*, le 18 Mai, *Nous avons dépensé, le mois dernier*, 800 *millions*; *nous dépenserons un milliard ce mois-ci*, 1500 *millions le mois suivant, & ainsi de suite, &c. &c.*

Tout exagéré que parut alors l'horoscope de ce Député, il n'a pas tardé à se vérifier d'une manière encore plus accélérée qu'il ne le croyait lui-même, puisque, pour combler le *déficit* du mois de Juin, la Convention s'est vue appelée à émettre 300 millions

---

(1) Je parle ici de la Convention en masse; car il faut rendre au Député *Vernier*, la justice de dire, qu'il s'exprima, à ce sujet, le 5 Mai, avec le cri du remords, & en ces termes: *On a impudemment violé les loix, la justice, les égards dus aux Nations étrangères: comment voudrait-on, après cela, qu'elles contractassent avec nous?*

de plus qu'il ne l'en avait menacée. (1) Si cette inconcevable progression ne s'arrête point, & que le *déficit* augmente seulement d'un tiers chaque mois, l'émission nécessaire pour le mois de Décembre prochain s'éleverait seule à neuf milliards & demi !

Je n'envisage point, je l'avoue, un semblable événement comme possible ; mais quelqu'obscur que puisse paraître l'avenir, on peut le percer, ce me semble, à l'aide du passé, & simplement en observant que, depuis le mois de Mars dernier, les assignats ont baissé des trois quarts de leur valeur, quoique leur masse circulante n'ait augmenté que d'un tiers ou environ.

Il y a déjà cependant près de 4 mois que le dernier orateur que je viens de citer, avait présenté cet avenir de la manière la plus effrayante : *Comme les Danaïdes vous serez condamnés à toujours verser sans jamais remplir*, dit-il à ses Collègues. *Nous avons une hydropisie de papier, & ce n'est pas en en augmentant le volume que nous pouvons guérir notre maladie. C'est une PONCTION qu'il faut faire.*

Me dira-t-on ici, que pour assurer cette PONCTION si importante & si desirée, la Convention a adopté les moyens extraordinaires que lui recommandait alors ce même *Bourdon*, & que ces moyens retireront des assignats anciens dans une proportion bien plus grande, qu'elle ne sera appelée à en émettre de nouveaux ? Je sais qu'elle s'en est vantée : mais en

---

(1) Elle a décrété, le 2 Juillet, un *crédit*, c'est-à-dire une émission des 1800 millions, dont 1500 millions pour la Commission des Approvisionnemens ! !

entamant l'examen des moyens merveilleux auxquels elle a eu recours, je ne crains pas d'avancer que, quelle que soit la quantité du papier-monnaie qu'elle parviendra à retirer d'une main, elle ne se verra pas moins forcée à mesure, d'en émettre de l'autre au moins une quantité double ; & qu'à l'époque où l'on ne voudra plus en recevoir, elle se trouvera en même temps avoir aliéné ses véritables domaines nationaux, c'est-à-dire la portion des biens confisqués qu'on envisage comme la meilleure, sinon comme l'unique hypothèque de son papier-monnaie.

La plupart de ces moyens de *ponction* prétendus nouveaux avaient déjà été passés en revue par *Johannot*, dans son fameux rapport du 14 Avril, qu'il appuyait fièrement par ces mots remarquables : *Il est temps de ne plus rien faire à demi, & de marcher vers la régénération avec la même constance qu'on a marché pendant* 18 *mois à la destruction.*

Il y débutait par annoncer hardiment que la paix avec la Prusse venait *de donner une nouvelle base au crédit,* & que la Convention *pouvait en quelque sorte bâtir sur la terre ferme, après tant de bouleversemens & de tempêtes.*

Ce solide édifice devait être fondé sur la base infaillible de 15 opérations, dans l'énumération desquelles *Bourdon de l'Oise* m'a dispensé d'avance de suivre le rapporteur, puisqu'il renversa tout son échafaudage par ce peu de mots. *On vous a ce matin distribué un projet de finances. Beaucoup de mes Collègues, & moi, nous nous proposons d'en combattre les trois quarts & demi. Il faut nécessairement que vous retiriez des assignats de la circulation ; car vous n'aviez pas autrefois le quart du numéraire que vous avez à présent, & alors vous faisiez le commerce avec toute l'Europe. Aujourd'hui, le numéraire est augmenté de 4 cinquièmes, & vous ne commercez qu'avec vous-mêmes. Cet état ne peut donc pas durer. Il est bien démontré pour tous les bons esprits*, ajouta-t-il, *qu'on ne peut plus* ENTRAVER NOTRE RÉVOLUTION QUE PAR LES FINANCES.

Cette seule censure a tellement écarté le projet de *Johannot*, que la Convention n'a pas même daigné s'occuper de l'examen de ses quinze opérations. Son censeur a bientôt pris l'ascendant sur lui dans la direction des finances ; & ses collègues se sont livrés avec une entière confiance à ce nouvel empirique, pour opérer la fameuse *ponction* d'assignats qu'il avait en vue.

Il est temps maintenant d'analyser les cinq *remèdes* extraordinaires qu'ils ont successivement adoptés pour en assurer le succès. (1)

(1) Je crois pouvoir me dispenser de ranger au nombre de ces *remèdes* le Décret du 14 Juillet, par lequel la Convention ouvrit un *emprunt d'un milliard en assignats à 3 pour cent d'intérêt annuel & perpétuel.* En effet, outre qu'il est plus que douteux qu'il se remplisse ; si c'était à ce prix que la République dût retirer ses 12 milliards d'assignats, elle se trouverait avoir ajouté à son ancienne dette 360 millions d'intérets annuels ; c'est-à-dire, qu'en desséchant la source des anciens revenus qui n'avaient pas même pu suffire à faire face à cette dette sous le poids de laquelle la Monarchie avait succombé ; la République aurait trouvé le secret d'y ajouter dans trois ans une autre dette sans comparaison plus considérable que celle de la Grande-Bretagne.

Le 1er a été le violent Décret qui *démonétisa* les assignats à face royale, sous prétexte qu'ils *contrastaient avec les principes républicains*; Décret qui, s'il avait pu être exécuté, n'aurait retiré cependant de la circulation que la masse d'assignats qu'il fallut émettre pour le mois de Juin. Mais comme cette démonétisation fut expressément & avec raison taxée de BANQUEROUTE par quelques Députés; (1) comme d'ailleurs cette banqueroute frappait particulièrement sur les petits assignats, & par conséquent sur le pauvre, elle devint immédiatement l'un des grands griefs des insurgens, qui préparaient l'horrible assaut que la Convention eut à soutenir le 22 MAI. Enfin, comme c'est à cette époque que le peuple commença pour la première fois à porter la main sur ses Représentans, il est plus que probable que l'affreux danger auquel ils échappèrent (2) ne

---

(1) *Il est des personnes*, dit naïvement Genissieux le 12 Mai, *qui répugnent à toute idée de* DÉMONÉTISATION, *qui confondent ce mot avec celui* D'ANNULLATION *& y attachent l'idée de* VOL *& de* BANQUEROUTE.

(2) Pour se faire une juste idée de l'effroi que ce spectacle d'horreur a dû inspirer à la Convention, il n'y a qu'à lire le tableau suivant qu'en a présenté le Rédacteur du *Courier Universel*, du 24 Mai.

" Elle est arrivée la crise. La Représentation nationale a été mé-
" connue, avilie, anéantie : le sang d'un Représentant du peuple a
" coulé; sa tête encore sanglante a été portée au bout d'une pique
" jusques dans le sanctuaire des loix, &c. &c.

" Généreux amis des loix, de la liberté, vous qui dans vos rêves
" philanthropiques espériez dater de la fondation de la Répu-
" blique le retour d'Astrée sur la terre, que n'avez-vous pu tous
" assister à cette épouvantable spectacle ! Que n'avez-vous pu voir
" le sang dégoutter de cette tête où l'on voyait encore, malgré

ne leur permettra plus de tenter l'essai de nouveaux Décrets de démonétisation. Aussi *Le Gendre*, dont l'intrépidité avait tant contribué à sauver ses collègues d'un danger si éminent & si nouveau, les pressa-t-il avec instance quelques jours après de revenir sur ce premier Décret ou de le modifier. Il leur observa *qu'il imprimait sur les assignats Républicains en circulation un signe de défaveur.—Il me semble*, ajouta t-il ingénument, *que vous avez laissé le peuple incertain sur leur valeur, & qu'on peut craindre qu'un Décret de trois lignes ne démonétise un jour telles ou telles séries.*

Non moins frappés sans doute du péril auquel ils venaient d'échapper, que de la vérité de ces obser-

---

" la pâleur de la mort, toute la sérénité de l'innocence? Que " n'avez-vous pu voir tout ce peuple d'anthropophages se presser " pour recevoir quelques gouttes de cette agréable rosée qui sem- " blait le rafraichir & le rajeunir pour le crime?

" Eh bien, apprenez tous que l'assassin de Ferand, arrêté dans " sa course civique, a été arraché des mains du bourreau par quatre " à cinq mille scélerats qui s'appellent & qu'on appelle LE PEUPLE, " porté en triomphe comme un martyr de la liberté, & couvert de " couronnes civiques.

" Après de pareils forfaits, l'homme de bien n'a plus qu'à se " retirer, & qu'à conjurer le Dieu du ciel & de la terre de s'armer " enfin de son tonnerre, pour EXTERMINER UN PEUPLE AUSSI " ABOMINABLE."

Voilà donc comment s'est déjà changé le cri de *Vive la Nation!* Les Révolutionnaires Français *invoquent* enfin l'Etre suprême; & c'est pour *le conjurer d'exterminer un peuple aussi abominable* que celui de Paris, c'est-à-dire les *vainqueurs de la Bastille.*

Si l'espèce de banqueroute partielle qu'avait essayée la Convention l'a exposée à une pareille tempête; à quoi doit elle s'attendre lorsqu'elle sera forcée de dire au peuple que les assignats ne sont qu'une FAUSSE MONNAIE?

vations, ſes Collègues, qui tergiverſaient encore ſur ce Décret, l'ont enfin révoqué (1) ; & vingt jours après l'inſurrection, les Comités réunis ſe hâtèrent de publier, qu'*ils avaient conſidéré que les démonétiſations étaient un remède extrême auquel on ne doit recourir qu'après avoir épuiſé tous les autres.* Si cet avertiſſement eſt loin d'être raſſurant contre les démonétiſations futures, l'expérience des autres *remèdes* qu'on voulait *épuiſer* avant d'y revenir, l'eſt bien moins encore.

Le 2[d] de ces remèdes a été le Décret du 29 Mai, qui a autoriſé *chaque Citoyen à ſe faire adjuger ſans enchères tel bien national à vendre, qu'il déſirera*, à la charge d'en payer, dans l'eſpace de trois mois, 75 fois le revenu annuel de 1790.

Quelque inſenſé & ruineux que fût ce Décret, *Ballaud* le ſoutint avec force: " Il paraît certain, dit-il, " que dans trois ou quatre mois, & peut-être plus " tôt, il produira un retirement d'aſſignats de plus " de ſix milliards."

En vain *Rewbell* eſſaya-t-il de s'y oppoſer en s'écriant: *Il eſt temps que la Convention ne ſe laiſſe plus enlever des Décrets d'enthouſiaſme. Cette loi peut opérer la ruine de la République ; elle préſente un ſyſtême qui dépouille*

---

(1) Du moins les porteurs d'aſſignats Royaux, condamnés à ne pouvoir s'en ſervir qu'en paiement des *Domaines des Emigrés ſeulement*, & contre leſquels on avait prononcé *non-valeur & déchéance* à une époque fixe, ont-ils été admis & invités, après cette époque, à venir les échanger au pair, contre des aſſignats Républicains. Ainſi, cette fameuſe démonétiſation s'eſt réduite à un échange, & n'a pas même entamé la *ponction* ſi deſirée.

la Nation. On vend pour rien les domaines nationaux, puiſqu'on les vend à 600 pour cent de perte.—Citoyens, il ne vous eſt pas permis de dilapider la fortune publique. Le Décret n'en a pas moins été porté, puis ſuſpendu, puis confirmé, à la faveur d'une modification qui autoriſe à recevoir les enchères, s'il ſe préſente des acquéreurs qui offrent plus de 75 fois la rente.

Or, pour juger à quel point il *dilapide* en effet *la fortune publique*, il ſuffit d'obſerver que comme 75 liv. en aſſignats ne coûtent pas 2 liv. en numéraire, & qu'ainſi avec moins de 2,000 liv. on ſe procure 75,000 liv. en aſſignats, on peut à ce prix ſe faire adjuger la propriété de tel domaine qui rapportait annuellement 1000 liv. en eſpèces avant la Révolution; c'eſt-à-dire que la Convention en eſt déjà réduite à offrir le choix de ſes meilleurs domaines nationaux, non point au denier 20, comme je l'en avais menacée dans le Chapitre précédent, (1) mais au denier 2 de

---

(1) Dans l'une de mes hypothèſes j'avais admis, que la vente des Domaines Nationaux pourrait produire ſix milliards en eſpèces, & j'avais en même temps juſtifié que cette ſomme immenſe ne ſuffirait point pour *achever la Révolution.* Comment s'achevera-t-elle donc aujourd'hui qu'il eſt démontré, par tout ce qu'on vient de voir, que la totalité de cette vente ne produira pas même un demi milliard?

En effet, on ne peut guères douter que, depuis le mois de Décembre 1794, où *Johannot* faiſait monter à *environ* 300 *millions le revenu annuel de tous les biens nationaux invendus*, les ventes poſtérieures, les immenſes reſtitutions faites aux Fédéraliſtes, tant de déprédations de toutes eſpèces, n'aient réduit ce revenu à moins de 200 millions. Eh bien, en calculant le produit au denier 2, ce produit n'offrira plus aujourd'hui qu'un capital de

leur produit réel, & même au denier 1, si, comme l'a observé *Johannot*, il est vrai que *les baux de* 1790 *ne représentaient alors que la moitié de la valeur de ces biens.* (1)

---

400 millions en numéraire, avec lesquels la République devrait faire face à tous ses engagemens, pourvoir à son Gouvernement dénué de tout revenu, poursuivre la guerre, achever la Révolution, & retirer les 12 milliards de son papier-monnaie, qui ne se trouve ainsi hypothéqué que pour la 30e partie de sa valeur nominale.

(1) A la faveur de ce qu'on appelait en France *Pot-de-vin*, somme qui se payait d'avance en déduction de la rente, & qui diminuait d'autant celle-ci sur l'acte de bail ; il est très-possible, en effet, que la plupart des biens ecclésiastiques, affermés nominalement à une somme quelconque, rapportassent réellement au bénéficier un revenu presque double de ce revenu nominal, c'est-à-dire une somme égale à celle qu'on demande aujourd'hui pour adjuger la propriété perpétuelle de ces mêmes biens.

Ce n'est pas tout encore ; car, comme on a avoué dans la Convention, que le prix des denrées avait augmenté dans une beaucoup plus grande proportion que les assignats n'avaient baissé, il s'ensuit que la première année de mise en possession, met les nouveaux acquéreurs à même de retirer fort au-delà du capital qu'ils auront donné ou promis de donner. Quelqu'incroyable que puisse paraître ce fait : *C'est-là*, a dit *Bourdon* à ses collègues le 18 Mai, *c'est-là une vérité, dont nous faisons, dans ce moment-ci, la malheureuse expérience. Croyez vous que le débiteur qui a acheté, il y a un an je suppose, un bien national,* 12,000 *liv. & qui a retiré des fruits de l'année, une valeur de* 15,000 *liv. avec laquelle il a pu payer, s'il a voulu, le principal de son acquisition, sera bien empressé de faire cesser un ordre de choses qui lui est si avantageux ? Non, certainement, il aimera mieux ne pas s'acquitter sur-le-champ ; il aimera mieux faire durer l'ordre de choses actuelles pour en profiter, pour recueillir en échange de petites valeurs, une grande quantité d'assignats avec lesquels il pourra acheter d'autres biens nationaux, que de cette manière*

Cependant, malgré l'attrait d'une pareille ſpéculation, *Balland* a avoué le 14 Juin qu'il *était encore des endroits où les enchères n'avaient pas lieu du tout. Tant,*

---

il aura PRESQUE POUR RIEN," *&c. &c.* On voit maintenant quel eſt en réalité l'état de criſe auquel la Convention a réduit, par ſes dilapidations, la fortune publique. Elle n'a pu émettre de nouveaux aſſignats, qu'en confiſquant de nouveaux biens ; elle ne peut ſe défaire de ceux-ci, qu'en les vendant *preſque pour rien* (ce qui eſt aſſurément, de la part de *Bourdon*, une expreſſion bien douce, lorſqu'il eſt queſtion de qualifier l'aliénation d'un domaine, qu'on livre en perpétuité, pour un capital inférieur d'un cinquième à la valeur des fruits d'une ſeule année) ; finalement, ces aliénations, toutes ruineuſes qu'elles ſont, liguent les acheteurs par leur intérêt même à déprécier de plus en plus le papier-monnaie, dont la Convention eſpérait remonter le crédit à l'aide d'une ſemblable opération.

Telle eſt donc la marche de ces nouveaux navigateurs en finances, qu'ils ſe ſauvent ſans ceſſe d'écueils en écueils, & qu'ils ne ſavent, en éviter de nouveaux, qu'en ſe précipitant volontairement dans les gouffres même qu'on leur indique.

Il faut obſerver que *Bourdon* leur avait indiqué celui-ci, non point, il eſt vrai, pour les détourner du nouveau mode de vente qu'il prêchait lui-même ; mais pour faire paſſer la clauſe qui exigeait que les acquéreurs payaſſent en trois mois. *Il ne s'agit pas tant*, avait-il dit, *de démonétiſer les aſſignats, que de retirer de la circulation ceux qui ſont déjà démonétiſés, par le fait ; car, je le répète, l'aſſignat eſt maintenant comme* 15 *à* 1. *Il n'y a pas de l'indiſcrétion de le dire ; c'eſt un ſecret qui eſt connu de tout le monde.*

Depuis qu'il a réuſſi à faire adopter la clauſe en queſtion, les aſſignats dont il promettait de remonter la valeur ſont tombés dans la proportion de 40 à 1. C'eſt un *ſecret* qui eſt *connu de tout le monde*, puiſque les derniers papiers de Paris quottent le louis à 960 liv. quoique *Savary*, au nom du Comité de Légiſlation, eut annoncé de nouveau, le 13 Juillet, que *cet état violent & contraire à la raiſon, & à la ſageſſe, ne pouvait pas être durable ; qu'il tenait à l'illuſion & au délire, plus qu'à la vérité ; & que la perte accidentelle* a-t-il ajouté avec amertume, *tant l'esprit public était perverti !*

Comme si ce n'était pas au contraire une preuve que, dans les districts contre lesquels il s'indigne,

---

& instantanée des assignats, tenait à des causes qui allaient bientôt disparaître.

Quant à la baisse du prix des denrées qu'on avait tout aussi hardiment promise, on peut juger si la Convention y a atteint, d'après un fait que lui a cité *Hardi*. *Depuis trois mois,* a-t-il dit, *on n'a pas émis 110 fois plus d'assignats qu'il n'y en avait à cette époque. Et bien le pain qui se vendait 3 sols la livre se vend 18 liv. dans mon département.*

La Convention veut-elle savoir ce qui l'a exposée à tant d'erreurs & de décomptes ? Qu'elle porte donc ses regards en arrière sur la longue chaîne d'extravagantes théories que lui ont prêché successivement tous les Députés ignares ou imposteurs auxquels elle avait livré ses finances.

D'abord, pour la rassurer sur le discrédit naissant de ses assignats, ils s'étaient vantés à elle de pouvoir calculer avec précision les effets de la défiance ; ils lui avaient prouvé géométriquement que le prix des denrées ne pourrait jamais s'élever que dans l'exacte proportion où les assignats baisseraient, & que ceux-ci ne baisseraient que dans l'exacte proportion suivant laquelle la masse de ce nouveau signe d'échange excéderait celle de l'ancien.

Quand leurs calculs ont été déjoués, & que la Convention a commencé à éprouver quelques alarmes ; de nouveaux magiciens se sont présentés. Ceux-ci lui ont affirmé gravement que plus les assignats baisseraient, plus la valeur des biens nationaux s'éleverait par cela même ; qu'ainsi l'équilibre de l'hypothèque serait maintenu, & que dès-lors elle pouvait se tranquilliser : c'est-à-dire que, bien que chaque nouvelle série d'assignats prît une partie des biens affectés aux anciennes ; ils n'en ont pas moins argumenté pour garantir que la nation payerait sans rien dépenser, ou continuerait à dépenser sans rien payer. Toute absurde qu'était cette thèse, elle

l'esprit public & l'intérêt privé, loin d'être *pervertis* où aveuglés, calculent avec certitude, que, lors même que contre toute vraisemblance, la République vien-

n'en a pas moins fait fortune; & pour abjurer cette inconcevable illusion, pour écarter les charlatans qui avaient jeté ce dernier bandeau, il a fallu que la Convention acquît, mais à ses dépens, des preuves multipliées; que, d'un côté, les biens nationaux ne se vendent que pour la 20e ou 30e partie de leur valeur réelle; que de l'autre, les assignats ne sont plus admis que pour la 40e de leur valeur nominale; & qu'ainsi elle ne peut continuer ses anciennes dépenses, qu'en émettant chaque jour 40 fois plus d'assignats qu'au commencement de sa carrière.

J'ignore à quelle espèce d'imposture les nouveaux contrôleurs de ses finances auront recours pour lui faire croire à leur tour qu'ils sauront arrêter toutes ces progressions inverses; & je soupçonne qu'ils méditent quelque mesure hardie, telle qu'un Décret qui enlevera à tout assignat quelconque la moitié ou les deux tiers de sa valeur nominale.

Sans doute ils ne manqueront pas de représenter que cette sévérité s'étendant également sur tous les propriétaires d'assignats, ne les priverait que de ce qu'ils ont déjà perdu, & soulagerait cependant le trésor public. Mais si cette mesure désespérée n'était point en quelque manière impraticable, elle n'en serait pas moins la plus injuste de toutes; 1°, parce qu'il s'en faut bien que chaque Français ait en mains une quantité d'assignats correspondante à sa pauvreté ou à sa richesse; 2°, parce qu'au contraire les moins aisés d'entr'eux qui n'ont pu receuillir assez de papier-monnaie pour agioter ou acheter des biens nationaux, ont précisément toute leur petite fortune en portefeuille; 3°, parce que dès-lors cette banqueroute partiale frapperait principalement sur le pauvre, tandis qu'elle tournerait au profit de la classe riche qu'il serait bien plus juste d'atteindre & de frapper: j'entends la classe qui a acquis à vil prix les biens nationaux, la classe de ceux qui, comme les en a accusé Cambacéres le 21 Juin, *ont été assez éhontés pour payer la totalité du prix de ces biens avec l'année de leur*

drait à se consolider, il n'en serait pas moins impossible, que dans la détresse où se trouvera bientôt la législature qui succédera à celle-ci, elle maintînt jamais des ventes tellement frauduleuses, que, s'il faut en croire *Bourdon*, *les fruits d'une année* ont été plus que suffisans pour *payer le principal de l'acquisition !*

Je ne sais quel est l'auteur de l'antiquité, qui, pour achever d'un seul coup de pinceau, l'affreux tableau des convulsions démocratiques de la Grèce, & des déprédations de tout genre auxquelles se livrèrent ses Gouvernemens, se borne à dire que les terres confisquées sur les riches, n'y trouvèrent plus d'acheteurs qu'au denier 2. Que dira donc l'historien de la Révolution Française, en arrivant à la période où nous sommes? "Jamais," s'écriera-t-il, "jamais les annales de la société humaine n'offrirent l'exemple d'une pareille quantité de spoliations, ni une preuve plus mémorable que le vol public est encore, s'il se peut, moins profitable aux Etats qui se flattent de pouvoir l'organiser impunément, qu'aux brigands obscurs qui s'y livrent en secret."

Quelque inévitable que soit la cassation des achats, dont je viens de démontrer la fraude; je ne chercherai

---

produit, c'est-à-dire avec un papier qu'ils n'ont plus, & qu'on ne démonétiserait, que depuis qu'ils auraient réussi à le faire sortir de leurs mains.

Au reste, on est en droit de supposer que le souvenir de l'horrible danger que courut en Mai dernier la Convention, lorsqu'elle tenta le premier essai d'une démonétisation, on est en droit de supposer, dis-je, que du moins pour quelque temps encore, ce souvenir sera pour elle celui des Ides de Mars.

point à en déterminer l'époque; & ne voulant m'occuper ici que du préſent, je ne crains pas d'annoncer à la Convention, qu'à la faveur des ventes forcées, qu'elle vient de décréter, à peine réuſſira-t-elle à retirer, dans le cours de cette année, la moitié des ſix milliards dont on lui avait promis la rentrée pour le milieu d'Octobre, *& peut-être plus tôt.* (1)

Voilà, j'oſe le garantir, à quoi ſe réduiront les effets de ce fameux décret, que la Convention repréſente avec tant d'emphaſe, comme devant *régénérer ſes finances*, c'eſt-à-dire amener le prompt rembourſement de tous ſes aſſignats. Telle eſt cependant la

---

(1) Suivant toute apparence, on ne profitera guères de ce Décret, que pour acheter des Domaines eccléſiaſtiques, dont le nombre doit être déja infiniment réduit, parce que ce ſont les ſeuls qu'on ait cru pouvoir acquérir avec quelque eſpèce de ſécurité.

Toutes les perſonnes qui reviennent de France s'accordent à dire, que l'opinion des acheteurs attache une différence immenſe à la valeur des domaines Nationaux, ſuivant la claſſe des propriétaires ſur leſquels ils ont été confiſqués. On aſſure que les biens des moines s'achètent encore avec empreſſement, & même avec confiance; qu'enſuite viennent ceux du Clergé, puis les domaines de la Couronne, qui ne trouvent cependant que fort difficilement des acheteurs; & que quant à ceux des émigrés, très-peu de gens s'en ſoucient; du moins mettent-ils une différence marquée entre les biens confiſqués ſous l'Aſſemblée Conſtituante & les confiſcations poſtérieures. Auſſi la Convention, pour ſe débarraſſer des biens des émigrés, a-t-elle imaginé une *loterie* ſoit *tontine*, qui, à l'en croire, fera rentrer ſucceſſivement *un milliard d'aſſignats.* Certes, en ſuppoſant que cette loterie ſe rempliſſe, ſi jamais les ſuperbes édifices dont on eſpère de diſpoſer ainſi, paſſent & reſtent aux acquéreurs des billets, ces acquéreurs pourront les appeler vraiment des *lots à la loterie*,

confiance extrême avec laquelle elle en attend les heureux résultats, que *Bourdon de l'Oise*, le même qui en proposant quelques mesures de ce genre avait avoué *avec franchise* à ses collègues le 27 Mai, que *sans elles il était impossible qu'ils allassent trois mois*, s'est écrié trois jours après, avec l'accent du triomphe, lorsqu'on eut adhéré à celle-ci : *Je* DÉCLARE *aux Puissances de l'Europe, que ce qui nous reste des domaines nationaux, déduction faite des assignats émis, peut encore nous fournir les moyens de leur faire la guerre à toutes, au moins pendant trois ans.* (1)

J'ignore quel effet produira sur la Diète de Ratisbonne, cette forfanterie renforcée ; mais j'ai peine à croire qu'elle détermine la Grande-Bretagne à poser les

(1) L'une des observations les plus curieuses, & qui ne peut échapper sans doute à quiconque suit les débats de la Convention, c'est de la voir redoubler ses menaces belliqueuses, & exagérer ses ressources financières, à mesure que ces dernières s'épuisent.

Six semaines seulement avant cette forfanterie de *Bourdon* de *l'Oise*, son Collègue *Johannot* était venu certifier, au nom du Comité des Finances, que trois milliards de nouvelles émissions suffiraient & au-delà pour toutes les dépenses de la guerre : ce Comité s'en croyait alors si sûr, qu'il avait même proposé de ne faire cette fabrication que *par prévoyance, & de briser ensuite publiquement les formes, poinçons, & matrices*. *Johannot* ajouta : *Quand la guerre devrait encore durer deux ans ; il vous restera sur le capital préposé pour elle une somme de plusieurs milliards, applicables après la paix à l'utile destination de rembourser la dette constituée.* A peine ces trois milliards ont-ils été entamés & presque épuisés que *Bourdon* vient renchérir sur son prédécesseur, & *déclarer* avec assurance que la Convention *a encore les moyens de faire la guerre à toutes les Puissances de l'Europe au moins* PENDANT TROIS ANS !

armes avant que ceux de ses Alliés qui seront restés fidèles aient obtenu une restitution complette. D'ailleurs, quelque brillant qu'ait été jusqu'à présent l'étalage de ressources inépuisables qu'on a mis sous les yeux de la Convention; plusieurs de ses membres ne lui dissimulent plus aujourd'hui qu'ils sont confondus de voir, que malgré la paix avec la Prusse & l'Espagne, ses dépenses militaires augmentent; que ses ressources diminuent dans la même proportion que ses ennemis; & qu'à mesure qu'elle fait des efforts extraordinaires pour retirer des assignats de la circulation, & pour rendre le crédit à ceux qui y restent, le discrédit de ces derniers augmente de jour en jour, comme *Clauzel* l'avait annoncé d'avance. (1)

---

(1) " Je n'ai qu'un mot à ajouter," dit-il, le 7 Juin, en s'élevant contre la vente des biens nationaux au denier 75. " On " avait annoncé que ce nouveau mode de vente ferait baisser le " prix des denrées, en donnant du crédit aux assignats. Et bien, " depuis la publication de cette loi, *la perte des assignats va toujours* " *en augmentant.* Les compagnies qui se forment pour acheter des " biens nationaux à bas prix sont intéressées, & s'appliquent à " vilipender les assignats."

Aujourd'hui que cet avis se vérifie, & que leur *perte va toujours en augmentant*, la Convention a imaginé de s'en prendre au peuple. *Il semble*, a dit avec aigreur le 12 Juillet son rapporteur Savary, *il semble que les Français s'accordent tous pour concourir au discrédit de la fortune publique, & qu'ils se plaisent à devenir eux-mêmes les instrumens de leur propre ruine.* Tout en osant reprocher au peuple la ruine de la fortune publique, *Savary*, pour continuer à l'étourdir sur les conséquences de cette ruine, n'a pas manqué d'imiter ses devanciers, & de lui répéter qu'un état de choses aussi critique doit être infailliblement *le précurseur de la res-*

Le 4e remède dont la Convention s'eſt aviſée pour arrêter la marche de ce diſcrédit croiſſant, a été de fixer elle-même cette marche, d'établir à cet effet ce qu'elle appelle une *échelle de proportion,* & de déterminer ce que les débiteurs devraient ajouter au capital de leurs rembourſemens en compenſation de la baiſſe des aſſignats avec leſquels ils s'acquittent. Elle a donc décrété le 21 Juin, que les aſſignats reçus en paiement forcé, baiſſeraient d'un quart de leur valeur primitive, pour chaque ſérie de 500 millions, émiſe depuis qu'il y eut deux milliards en circulation. (1) Enſorte que, ſi j'entends bien ce décret;

---

tauration qui ſe prépare. Cependant, depuis ſix ſemaines qu'il promit de nouveau cette *reſtauration,* elle n'eſt point encore entamée; & ſi la plaie a fait au contraire de nouveaux progrès, le *Courier Univerſel* du 17 Août en a donné, ce me ſemble, la meilleure raiſon, & même l'unique. *Malgré les eſpérances de paix,* dit-il, *les aſſignats ne prennent pas faveur, & pourquoi? Parce qu'on en fait toujours.*

Il eſt aſſez bizarre que le journaliſte n'ait pas oſé ajouter ce que tous ſes lecteurs ajouteront ſans doute: "Mais pourquoi donc en " fait-on toujours? Parce que, pour prolonger la guerre, on s'obſ- " tine à ne point offrir la reſtitution des conquêtes; parce que, " tant que cette reſtitution n'aura pas lieu, la guerre durera; & " parce qu'auſſi long-temps que celle-ci durera, il ſera indiſpen- " ſable d'émettre des nouveaux aſſignats; parce qu'enfin on paraît " réſolu à en émettre juſqu'à ce que les aſſignats qui ont fait naître " la guerre trouvent dans la guerre même le dernier terme de " leur anéantiſſement."

(1) Ce même Décret qui préſente cette échelle de proportion porte, art. 3. que *les paiemens décroîtront dans la même proportion du quart à chaque époque où la maſſe des aſſignats en circulation aura diminué de* 500 *millions.* Quoi! L'on berce encore la crédulité du peuple de l'eſpérance de pareilles diminutions!

comme, à l'époque où il fut porté, il y avait environ 12 milliards en circulation, quiconque devait 1000 liv. n'a pu s'aquitter que par 6000 liv. en assignats : cependant, comme ceux-ci ne valent plus que la 40e patrie de leur valeur nominale ; afin de ne point froisser son créancier, il aurait fallu lui assurer un remboursement de 40,000 liv. Mais si l'on veut apprécier les autres effets de cette mesure, il suffira de supposer un militaire salarié par la Convention à raison de 750 liv. par mois, & ayant, la veille de ce Décret rétroactif, contracté une dette de 1000 liv. dont il n'aura pu s'acquitter que le 21 Juillet : comme, pendant cet intervalle, la Convention a émis au-delà de 1500 millions de nouveaux assignats, on voit que la dette de cet officier aura augmenté des trois quarts, c'est-à-dire précisément de la totalité du salaire sur lequel il devait subsister. Il est vrai que j'ai lieu de croire que cette loi si récente n'est déjà plus en vigueur ; (1) mais enfin elle a été portée, & tel est l'un des derniers Décrets auxquels ont eu recours les législateurs de la France, pour assurer une parfaite justice rétributive à tous les Français, pour arrêter la dépréciation des assignats, & pour prolonger *la guerre au moins pendant trois ans encore, contre toutes les Puissances de l'Europe!*

Le 5e remède sur lequel ils avouent qu'ils comptent

---

(1) Il y a une si grande quantité de Décrets qui tombent d'eux-mêmes sans que la Convention se donne la peine de les révoquer, que j'ignore si celui ci n'est pas du nombre. Le Décret du 13 Juillet, qui lui est postérieur, & qui suspend provisoirement certains remboursemens en assignats, semble l'anéantir comme insuffisant.

le plus, (1) est celui du MAXIMUM rétabli le 20 Juillet par une loi bien digne de *Dubois Crancé* qui l'a proposée. Il est vrai qu'on s'est bien gardé d'y prononcer cette fois le mot si effrayant de MAXIMUM : mais cette loi ayant décrété que le paiement de la contribution foncière serait fait cette année, *moitié en assignats valeur nominale, moitié en grains effectifs, reçus pour leur valeur métallique en* 1790 ; il est aisé de comprendre que ce second *maximum* est infiniment plus vexatoire que le précédent. En effet, Robespierre ayant eu du moins la justice d'étendre le sien sur tous les objets commerçables ; l'agriculteur dont il faisait acheter les grains par force, pouvait acheter à son tour dans la ville où il les portait, tout ce dont il avait besoin, & à un prix exactement proportionnel à

(1) Rien de plus curieux que le fastueux étalage de richesses que promit *Dubois Crancé* à la Convention, en le lui faisant adopter.

A la faveur de ce Décret, dit-il le 5 Mai, *nul assignat ne sort de la Trésorerie pour la subsistance de Paris & des armées. Vos dépenses sont infiniment diminuées ; car ce qui vous a coûté par an* 3 *milliards, ne vous coûtera que* 57 *millions ; encore rentrera-t-il au trésor national une somme de* 98 *millions, produit de la vente de notre bled à Paris & communes environnantes. Reste net* 59 *millions de dépenses pour nourrir* 2 *millions d'hommes &* 250 *mille chevaux.*

Voilà un calcul qui est plus riant pour la Bourgeoisie de la Capitale que pour les habitans des campagnes. Que doivent dire ceux d'entr'eux qui lisent les débats de la Convention, en voyant qu'elle vient de leur imposer la *dixme* pour nourrir la ville de Paris qui les dominent, & pour prolonger la guerre qui les ruine ? Je doute beaucoup que *Vernier*, qui soutint cette mesure, l'ait suffisamment justifiée à leurs yeux, en les assurant le 15 Juillet, *qu'elle tranquilliserait le Gouvernement sur le sort de Paris.*

celui pour lequel il venait de livrer les fruits de son domaine. Par le nouveau *maximum*, au contraire, tout pèse exclusivement sur le cultivateur, & telle est l'injustice dont la Convention le menace, qu'elle voudrait le forcer à lui céder un quintal de grains pour une valeur inférieure au salaire actuel d'une seule journée de l'ouvrier qui les moissonna : car elle n'a point encore osé, comme Robespierre, étendre ce *maximum* jusques sur la main-d'œuvre, quoique *Dubois Crancé*, aussi conséquent que lui, l'en ait pressée.

Comment se peut-il que *Boissy d'Anglas* ne se soit point élancé avec indignation à la Tribune, afin de repousser ce second *maximum !* lui, qui avait déployé tant de talens oratoires pour faire révoquer le premier, lui, qui l'avait si justement dévoué à l'anathème, en s'écriant le 7 Nivose, *Notre sol était ménacé de stérilité* par cette loi. *C'était un malheur en France, que d'être condamné à nourrir ses concitoyens. L'empire de la terreur s'était appesanti sur la classe nourricière, &c. &c.*

Fort de pareils aveux, j'avais pensé, ainsi que l'auteur que je réfutais, que *la nature ne pourrait pas reproduire deux fois le phénomène d'un pareil Gouvernement* ; (1) & je m'étais cru en droit d'annoncer que le *maximum*, vû l'expérience qu'on avait fait de ses accompagnemens, ne pourrait plus affliger la France. Je suis forcé maintenant de convenir que la Convention a réussi à le décréter de nouveau : mais autre

---

(1) *Réflexions sur la Paix*, p. 9.

chose est de décréter ou d'exécuter. Si jusqu'ici le peuple des campagnes ne s'est point levé en masse, c'est que l'exécution de ce Décret a été prudemment renvoyée aux mois Brumaires & Frimaires ; c'est qu'alors, si l'on continuait encore à l'en menacer, il serait temps pour lui d'opposer la résistance à la tyrannie; c'est qu'enfin le Peuple Français ne *s'y trompe plus*, & qu'aujourd'hui il sait fort bien à l'avance, *d'après les principes qui animent ses Législateurs* (comme Boissy d'Anglas les en avait prévenus le 28 Juin), *quelles sont les loix qu'ils maintiendront ou qu'ils rapporteront.*

Dans quel état de vertige sont donc tombés ces Législateurs pour avoir pu se figurer un instant qu'après avoir amené le peuple des campagnes à être l'auxiliaire de leur Révolution, en lui promettant solemnellement la suppression perpétuelle de la *dixme*; ce même peuple se soumettrait à la rétablir d'une manière beaucoup plus onéreuse que ci-devant, ou qu'il y consentirait en leur faveur, afin *d'achever la Révolution bienfaisante* qui devait le délivrer de toute espèce de sacrifices, & qui lui en a déjà coûté tant & de si amers !

Comme cette infernale Révolution s'est travestie rapidement à ses propres yeux ! Quoi ! à peine se vantait-il d'être arrivé aux antipodes du point dont il se croyait parti, qu'il se retrouve précisément à ce même point ! S'il en faut croire *Merlin* de Douay, *la première cause de cette Révolution* fut le *soulèvement* général du peuple contre la mesure de *l'impôt en nature* proposée aux Notables; & les Législateurs qui veulent, disent-ils, consolider cette Révolution,

ont

ont pu se flatter d'y mettre le sceau en décrétant d'un trait de plume, que le Peuple Français passerait sous le joug de ce même impôt !

Qu'ils tentent, s'ils l'osent, d'exécuter cette automne la loi qui vient de le décréter : il leur faudra, pour y réussir, non point *une armée de* 200 *mille préposés*, comme le leur annonça Bourdon, mais une armée de 200 mille *bourreaux*, suivis de guillotines ; il faudra que cet *instrument de la mort* redevienne *la corne d'abondance de la République Française* (1) ; il faudra...... mais si par quelque nouveau miracle l'affreux *Dubois*

---

(1) C'est la métaphore assez juste dont s'est servi *Gamon*, le 3 Mai, en rapprochant de la guillotine, les réquisitions & le *maximum* qu'elle avait si bien soutenus.

Mais je le demande, quel autre soutien, quelle autre réunion de ressources pourra-t-on inventer pour réussir, comme le demanda Vernier, le 15 Juillet, *à soustraire le Gouvernement aux achats ruineux qui dévorent le public ?*

Il y a déjà près de 4 mois que *Boudin* avoit présenté au peuple la perspective des mesures de rigueur auxquelles on tente de revenir aujourd'hui. *Approvisionner les armées & les grandes Communes, sans employer la voie de la réquisition, & sans jeter dans la circulation 4 milliards de plus d'assignats : tel est*, dit-il, *le* PROBLÊME *qu'il faut résoudre en cet instant.*

C'est en *jetant* 4 *milliards de plus dans la circulation* que la Convention a résolu ce *problême* ; & c'est en faisant adopter de nouveau *la voie de la réquisition*, que Dubois Crancé se flatte de le résoudre à l'avenir, & de continuer la guerre. Il est vrai que le Député *Bertucat* s'est écrié : *Vous ne savez pas si, avec le* maximum *& les réquisitions, vous ne serez point aussi forcés de ramener le règne de la terreur.* Certes, je crois que Dubois Crancé le *sait* fort bien ; mais je crois savoir aussi que son règne ne sera ni long ni impuni.

Grancé parvient à faire triompher encore le règne de la terreur, il peut m'en croire, ce règne sera moins durable, quoique plus désastreux peut-être que le précédent.

Au surplus, tout ce que cet impôt pourrait produire, même en le levant sans obstacles, serait l'approvisionnement d'environ 2 millions de consommateurs : or, comme je défie, quels que soient les moyens sur lesquels on compte, qu'il puisse se lever sur d'autres que sur les Royalistes notés, on peut s'assurer qu'il ne produira pas le tiers de ce qu'on en attend. Je garantis que loin de pourvoir à la consommation des armées, il ne suffira pas même à celle de la capitale, que la Convention envisage avec raison comme son armée du centre, & à qui elle a déjà annoncé des distributions de pains abondantes, & pour ainsi dire gratuites. Reste à savoir maintenant si le peuple des provinces, qui jusqu'ici s'est laissé dicter si docilement des loix politiques par les bourgeois de Paris, consentira cette fois à être le ministre de celle qui le condamne à les nourrir à ses dépens : reste ensuite à savoir comment la Convention se tirera sans naufrage du terrible détroit où elle se trouve, puisqu'en même temps qu'elle vient se plaindre amèrement de ce que la presque totalité de la contribution foncière est arriérée depuis cinq années ; afin d'obtenir du moins le paiement de celle-ci, elle ne sait, dans le désespoir de son impéritie, imaginer d'autre moyen que de décréter que cette contribution sera vingt fois plus onéreuse pour les contribuables (1). Il faut attendre

(1) Il est évident que tel cultivateur, dont la contribution fon- c[illegible] suppose, à 2[illegible]

l'événement; mais je doute fort, je l'avoue, si ce sera cette fois le cas de s'écrier avec le Républicain Riouffe: *Il semble réellement qu'il n'y a qu'à oser en France.*

Enfin, le 6e & dernier remède, celui sur lequel la Convention paraît se confier le plus pour arrêter la dépréciation de ses assignats, consiste dans les mesures terribles qu'elle vient de prendre contre les agioteurs qu'elle en accuse. Son Comité de Salut Public lui a annoncé comme une victoire nationale, le 15 Juillet, que dans l'espace d'une *seule Décade*, il en a fait mettre près de quatre cents en arrestation, mesure qui a été applaudie comme un acte éclatant de justice, & qui, à en croire ses auteurs, est un moyen presque assuré de rendre aux assignats le crédit qu'ils méritent, & au

---

100 liv. en assignats, & 100 liv. *en grains effectifs*, sur le pied *de leur valeur métallique* en 1790, c'est-à-dire sur le pied de la 40e ou 50e partie de leur valeur actuelle dans les marchés, ce cultivateur payerait 4,100 liv. au lieu de 200 liv. Voilà comment les Législatenrs Français pervertissent, dans l'application jusqu'aux plus saines théories d'administration, lorsqu'ils tentent d'y revenir, & qu'ils les citent en leur faveur. Voilà comment l'impôt en nature, qui, suivant ses modifications, peut être tout aussi juste qu'un autre, devient la plus injuste des taxes, lorsque le législateur qui l'établit, a établi en même temps deux valeurs différentes, l'une *réelle*, & suivant laquelle le cultivateur doit verser dans les greniers publics, les productions de son domaine; l'autre *nominale*, & suivant laquelle ce contribuable est appelé à payer la main-d'œuvre de ceux qui le cultivent. Il paraît qu'aucun des collègues de Dubois Crancé ne s'est avisé de lui présenter cette observation: d'ailleurs il eut soin de leur fermer la bouche, en les assurant que *les Chinois, le peuple le plus sage de la terre, perçoivent l'impôt en nature.*

commerce la liberté dont il a besoin. Les Législateurs Français ont applaudi avec transport à cette nouvelle déclaration de guerre civile ; ils vont la poursuivre avec le dernier acharnement contre tous ceux qu'on leur dénonce comme *agioteurs* ; & ils avaient eu soin d'y préparer le peuple long-temps à l'avance, en les lui dénonçant comme une *nuée de vautours*, *des griffes* desquels ils veulent l'arracher (1), comme des *hommes abominables*, *excrémens de l'humanité*,(2) comme des *sang-sues*, comme des *brigands qui s'enrichissent de ses dépouilles*, & qui *convertissent en or ses larmes & son sang*.(3)

Ah ! si ce peuple infortuné, couvert de *sang* & de *larmes*, veut sincèrement se délivrer de *l'agiotage*, & fermer l'antre de ce monstre ; qu'il mûre donc lui-même l'édifice qu'on appelle à Paris *le sanctuaire des Loix* ; cette salle où siège encore la Convention ; cette salle d'où elle lui a lancé tant de Décrets qui l'ont démoralisé, & qui ont été l'unique aliment du prétendu crime qu'elle punit. Les Législateurs actuels, voilà les vrais auteurs de l'agiotage(4). Pour

(1) Le Hardi, le 16 Mai.

(2) Jean-Bon St. André, le 16 Mai.

(3) Genissieux, le 16 Mai.

(4) Dans son rapport du 29 Mai, *Balland* se fit un devoir de l'avouer à ses Collègues. " Le Commerce, leur dit-il, est devenu " un *agiotage* ; parce que, comme il est aisé de prévoir que le " prix des choses haussera, ou plutôt que la valeur relative de " l'assignat baissera tant que vous augmenterez la masse du signe " en circulation, & qu'on ne lui aura pas donné une valeur réelle " déterminée & invariable, beaucoup de personnes qui *veulent*

bâtir leur grandeur passagère, sur quoi ces agioteurs politiques n'ont-ils pas été tentés de spéculer, & quel est l'objet qui a pu échapper à leur monopole ? L'un d'entr'eux n'a-t-il pas reproché ouvertement à ce prétendu Sénat de s'être rendu *le seul commerçant, le seul agriculteur, le seul manufacturier ?* Chacune de ses factions, & leurs membres, n'ont-ils pas tous plus ou moins agioté sur la bonne foi du peuple, sur son ignorance, sur sa crédulité, sur sa religion, sur ses sermens, sur son sang, sur son courage ? Que dis-je ! N'ont-ils pas calculé jusqu'à sa lâcheté même & sa

---

" *éviter la perte ou bénéficier, achètent des denrées ou marchandises,* " *bien persuadées qu'elles seront plus chères au bout de quelque temps.* " LES PAUVRES MALHEUREUX, les petits rentiers, & un très-" grand nombre d'autres citoyens, ne peuvent plus vivre, ni " même satisfaire aux besoins les plus indispensables. Mais tous " ces inconvéniens désastreux disparaîtront, si vous arrêtez la dé-" préciation des assignats, en leur donnant une valeur réelle & " déterminée ; si vous en retirez une grande masse, en accélérant " & en facilitant la vente des biens nationaux à des termes très-" courts ; *si vous anéantissez les agioteurs, en empêchant la hausse du* " *prix des denrées & marchandises,* OU, POUR MIEUX DIRE, " *en empêchant la baisse de la valeur réelle de votre papier-monnaie,* " *& en lui donnant toute la confiance qu'il doit avoir pour affermir* " *la République & le règne de la justice & des loix.*"

Depuis ce rapport, & quoiqu'on eut adopté les mesures qu'il recommandait, les assignats ont encore baissé de la moitié de leur valeur ; & c'est alors que la Convention dans sa fureur a imaginé de faire un grand exemple sur quatre cents de ces *pauvres malheureux* dont tout le crime, comme l'avouait *Balland*, consiste à *prévoir que la valeur relative de l'assignat baissera, & à vouloir éviter la perte ou bénéficier, en achetant des marchandises, bien persuadés qu'elles seront plus chères au bout de quelque temps.*

résignation à la terreur ? Quoi ! depuis trois ans la Convention s'est appliquée à le métamorphoser tout entier en une nation de joueurs ; depuis trois ans elle n'a cessé de couvrir d'un papier-monnaie illusoire la table infernale du jeu auquel elle l'invitait à cris redoublés : & lorsqu'aujourd'hui ces joueurs désenivrés calculent avec effroi la perte énorme des billets qu'ils ont en mains, lorsqu'en repoussant la loterie de 4 milliards, dont elle leur avait présenté l'appât, ils cherchent néanmoins à s'en défaire à tout prix ; ce même Banquier National qui venait de les leur délivrer avec une profusion sans exemple, ose leur reprocher le JEU ! il ose leur imputer à crime de se défier du gain qu'ils y ont fait ! Il flétrit cette défiance tardive du nom réprouvé D'AGIOTAGE ! Il a l'atroce effronterie de les menacer du glaive des loix ! Il lance de nouvelles loix contr'eux, & leur apprend qu'il en est en même temps le ministre ! Enfin, ce même Ministre, qui avait commis l'épouvantable crime de déciviliser & de terrifier toute une nation, mais qui venait de se le faire pardonner en lui jurant qu'il avait mis fin pour jamais au règne de la terreur, & en ouvrant ses prisons d'Etat ; le voilà déjà qu'il les encombre de quatre cents victimes d'un nouveau genre, & qu'il s'essaie sur elles à retarder, s'il est possible, la catastrophe accélérée que lui préparent ses rapines & l'horrible abus qu'il en a fait ! Oh ! que n'ai-je la plume de Tacite, pour écrire les annales de cette Assemblée de Tibères !

Mais sans prétendre fixer ici le terme plus ou moins prochain de la tyrannie de ce monstre populaire, ni celui du crédit des aſſignats qui l'entraîneront dans leur chûte ; il eſt temps de rentrer dans le fond de la queſtion principale, dans l'examen des reſſources réelles de la France, & des moyens qui lui reſtent encore pour faire face aux dépenſes extraordinaires de la guerre : car, il eſt évident, que ſi elle s'obſtine à la prolonger, ſon unique & dernière reſſource conſiſtera bientôt dans ſes revenus.

Quelqu'épais que fût le voile que la Convention avait cherché à jeter ſur le produit annuel des contributions, elle a enfin laiſſé échapper un aveu qui ſuffit de reſte pour percer l'obſcurité dont elle avait réuſſi à s'environner. *Vernier*, au nom du Comité des Finances, eſt venu porter, le 12 Juin, les plaintes les plus amères contre *les mauvais citoyens*, contre *les hommes injuſtes ou indifférens qui ont refuſé juſqu'ici d'acquitter leurs impoſitions*, *cette dette ſacrée*, *ce lien ſi nécéſſaire au contrat ſocial*. Il a même avoué pour leur faire honte, *qu'il y avait plus de* 1200 *millions d'arriérés !*

Or, comme les contributions foncières & mobiliaires devaient produire annuellement 300 millions, il faut bien néceſſairement en conclure que le peuple Français, depuis ſa Révolution, ne s'eſt pour ainſi dire acquitté d'aucune eſpèce d'impoſitions directes envers ſon nouveau Gouvernement ; (1) c'eſt-à-dire que

(1) Il doit y avoir ſans doute quelques taxes indirectes, telles que les droits de patentes, qui ſe paient, par cela ſeul qu'il eſt impoſſible d'y échapper : mais il eſt évident que j'avais exagéré au moins de moitié, le produit annuel des contributions, en le ſup-

la classe que Vernier dénonce, avec raison sans doute, comme de *mauvais citoyens & des hommes indifférens*, forme l'universalité de la nouvelle Nation Républicaine.

Faut-il s'étonner que *Rewbell* se soit plaint, quatre jours après, *d'un pareil état de choses*, & qu'il ait proclamé dans la Convention, *qu'il était temps de le faire cesser?* Ce dont il faut plutôt s'étonner, c'est qu'il n'ait pas eu le courage d'ajouter qu'un *pareil état de choses* ne pourra *cesser* qu'avec la guerre, & même avec la République. En effet, s'il est impossible de se dissimuler aujourd'hui que les habitans des campagnes ne se sont attachés jusqu'ici au régime Républicain, que parce que ce régime les a *habitués à s'isoler de la chose publique* (1), & qu'il les a soustraits à la dette importune des contributions; je le demande, comment ramènera-t-on un pareil peuple au devoir indispensable de les payer avant d'avoir réussi à le faire rétrograder vers quelque Gouvernement qui ait, non-seulement le droit de décréter des impôts, mais sur-tout la force de les lever? Pour les Français, ce Gouvernement, c'est la MONARCHIE; il n'y a que l'autorité suprême d'un Chef unique qui puisse réta-

---

posant de 150 millions. Si jamais les successeurs de la Convention dressent & publient le *compte rendu* qu'elle avait promis, je suis bien trompé, ou il fournira la preuve, que depuis la fondation de la République, le peuple Français n'a pas payé annuellement, en impositions directes, 75 millions; & je parle d'assignats.

(1) *Empressez-vous*, dit Dubois Crancé à ses collègues le 12 Mai, *de déshabituer le cultivateur de s'isoler de la chose publique.*

blir quelqu'équilibre entre la dépense & les recettes. Lui seul pourra porter le flambeau dans ce que les Français eux-mêmes appellent le *dédale inextricable de leurs finances.*

Pourrait-on le croire ? Tel est l'état de ruine où les ont réduites peu à peu ceux qui les dirigent, que la totalité des revenus d'une année ne suffisent peut-être pas à une seule journée de leur dépense actuelle ; & que, même en admettant que ces revenus se fussent élevés annuellement à 100 millions, cette masse d'assignats ne correspondrait encore qu'à une valeur effective de 100 mille louis d'ors, c'est-à-dire à la 164e partie du revenu annuel de la Grande-Bretagne !

D'après ce tableau comparatif des ressources réelles des deux adversaires qui sont aux prises, & des moyens qui leur restent pour prolonger tant de sacrifices ; que les Français jugent eux-mêmes si le moment est venu pour eux de crier victoire, & sur-tout d'envisager comme irrévocable aucun des Décrets insensés qui aggrègent peu à peu à leur République la plupart de ses conquêtes. Parmi ceux qui ont proposé ces Décrets, où est l'homme qui osera me contester qu'elle ne doive les diverses provinces qu'elle a envahies, à ce qu'elle les attaqua avec des armées deux fois plus nombreuses que celles qui les défendaient ; & que ce qui l'avait mise à même de soudoyer jusqu'ici ses 14 armées, *d'entretenir plus de* 1200 *bataillons,* 500 *escadrons, &* 60 *mille hommes d'artillerie* (1),

(1) Rapport de *Dubois Crancé,* le 30 Janvier, 1795.

c'étaient exclusivement ses assignats ? Si tout le parti Républicain qui les avait reçus jusqu'ici avec tant d'avidité & de confiance, crie maintenant & de toutes parts à ses Chefs, que l'illusion de ce papier-monnaie est évanouie ; lorsque ses Chefs ne lui répondent qu'en l'assurant que *la paix s'avance, suivie de l'abondance* (1), en déclamant sur l'extrême convenance de garder telles ou telles conquêtes, & en l'invitant à soutenir sans découragement le choc de la guerre inégale qui les lui a livrées ; que ces mêmes chefs indiquent du moins la nouvelle ressource avec laquelle ils se proposent de salarier encore long-temps *la cinquième partie de la population active* de la France, comme Cambon en avait fait trophée.

Pour prononcer de quel côté est ici la folie de l'obstination, ce que je viens d'exposer devrait suffire sans doute ; & cependant, que ne me resterait-il point à y ajouter, si je pouvais me résoudre à passer en revue toutes les plaies de la France, l'immense & active population que la guerre y a moissonnée, tant de ravages exercés par la main de ses propres enfans (2), tant d'écoles d'instruction anéanties jusqu'à la trace, tant de beaux monumens des arts, tant d'immenses dépôts de richesses, tant & de si brillans atteliers d'industrie, que le Vandalisme & l'incendie de la guerre civile ont fait disparaître à jamais de cette *terre*

(1) *Pourier*, le 8 Août, au nom du Comité d'instruction publique.

(2) *Qui réparera les ravages que nous avons exercés nous-mêmes à Nantes & à Lyon ?* Boissy d'Anglas, le 7 Nivose.

vraiment *désolée*, comme l'appellent ses désolateurs eux-mêmes (1)? Mais outre qu'il serait trop douloureux d'avoir à promener ses regards sur les vastes ruines d'un Empire naguères si florissant; les seuls aveux du tyran populaire qui l'a dévasté ne suffisent que trop pour calculer l'étendue & la durée de ses dévastations. Le dirai-je! En m'arrêtant uniquement sur ces aveux, je suis quelquefois tenté de croire, que si par quelque bienfait inespéré de la Providence, les Français pouvaient s'affranchir tout-à-coup de la dette des assignats, de la guerre au-dehors, & de l'anarchie du dedans; je suis, dis-je, tenté de croire que leur Gouvernement, à quelques mains puissantes qu'il fût confié, aurait plus de peine à lever aujourd'hui sur ce peuple épuisé, le modique revenu de 30 millions effectifs, que le Gouvernement Anglais n'en aura ici cette année pour fonder sur une pareille somme de nouveaux impôts, l'intérêt de l'emprunt dont il est déjà question pour la campagne prochaine.

Avant de me contester cette opinion, (que je hasarde cependant plutôt que je ne la prononce,) j'invite le lecteur à méditer sur l'apperçu suivant des pertes de la France, que publiait le Comité des Finances, dès le 4 Décembre 1794.

Revenu effectif des Isles suspendu	235	Millions.
Revenu que faisaient entrer les Manufactures de Lyon	90	
Revenu que produisait le commerce du Levant	30	

(1) Le Député *Piette*, le 24 Août.

Voilà donc déjà, sans compter la ruine de ses pêcheries, & de tant d'autres branches d'industrie, une pertennuelle de 355 millions !

Il lui restera du moins, me dira-t-on, sans doute, son beau climat, & toutes ses productions si riches & si variées.—J'en conviens : mais je crains bien que son agriculture ne soit pour ainsi dire à renaître, & qu'elle n'ait reçu, sinon les plaies les plus incurables, du moins les plus profondes. Tout le monde sait que la plus belle moitié du territoire Français a été mise en saisie sous le nom de *Domaines Nationaux* ; & Cambon a suffisamment fait connaître ce que sont devenus ces domaines entre les mains des brigands, qui se les sont fait *adjuger, pour en vendre en détail les arbres & les matériaux*, & pour les abandonner ensuite dans cet état de *détérioration :* mais ce qu'on ignore peut-être, c'est que l'autre moitié non-confisquée n'a, pour ainsi dire, pas mieux échappé à l'orage destructeur de la Révolution. Il faut lire les débats de la Convention, pour pouvoir se faire une idée du coup affreux que les assignats ont porté à tous les établissements ruraux. C'est là qu'on apprend que les propriétaires n'ayant été payés jusqu'ici par leurs fermiers qu'en papier-monnaie, se sont trouvés tout-à-coup dans la dernière misère, & hors d'état de consacrer la moindre avance pour les réparations même les plus urgentes. On y voit que le Député *Bertucat*, en se plaignant de leur détresse universelle, vient de révéler le 26 Juin, qu'ils *laissent tomber leurs biens en ruine* ; & s'il faut en croire son Collègue *Poultier*, il ne s'agit pas de moins pour l'agriculture Française que *de retrouver les matières premières dont le malheur des temps a fait négliger la culture, par exemple celle du lin & du chanvre. Je vous propose*, ajouta-t-il, *de la faire* RENAITRE.

Quelques personnes s'imagineraient-elles que l'immense numéraire que possédait la France l'aidera à racheter ces matières premières, & que celles-ci rendront bientôt à son agriculture en souffrance une activité plus ou moins grande ?—Mais la Convention avoue elle-même qu'elle a dissipé jusqu'à cette dernière ressource. *Votre numéraire est passé chez l'étranger*, lui révéla encore Bourdon de l'Oise le 10 Mai. *Vos ennemis, l'*ANGLETERRE SUR-TOUT, MAITRESSE DU COMMERCE DU *Monde, l'Angleterre dont le Gouvernement est pauvre, mais dont les habitans sont* GORGÉS DE NUMÉRAIRE, ET PARTICULIEREMENT DU VÔTRE, *abonde de ce métal* (1).

---

(1) Il est assez singulier que *Boissy d'Anglas* n'ait pas jugé à propos de protester à l'instant contre une confession aussi indiscrète, lui qui venait de garantir le 7 Nivose que le *commerce de l'Angleterre avait toujours été en déclinant*. Il faut cependant lui rendre la justice de convenir que dans son dernier & brillant rapport du 23 Août, il a eu le courage de revenir à la charge, & qu'il y affirme de nouveau que le Gouvernement Britannique, qui SUPPOSE LA FRANCE DANS L'EPUISEMENT, (ce sont ses termes) a *privé l'Angleterre de l'écoulement de ses denrées*, qu'il a *appauvri son agriculture, ruiné son commerce*, &c. &c.

Cet homme d'État est allé même bien plus loin. Perçant d'un œil d'aigle l'obscurité de l'avenir, il annonce à M. Pitt que *l'instant n'est pas éloigné* où la Nation Anglaise lui *demandera un compte rigoureux de sa conduite*, mais sur-tout de ce qu'il lui a *fermé l'immense marché établi pour elle au milieu de la France*. Ceci fait

Tel est le vertige de la Convention, & des malheureux Français qui l'écoutent, que le même orateur qui leur a révélé l'aveu de cette dernière perte, est précisément le même qui a réussi à se faire applaudir en les assurant en même temps qu'ils *pouvaient faire la guerre au moins pendant trois ans encore à toutes les Puissances de l'Europe!*

Ce rassemblement bizarre de tant de jactances, & de cris de misère, de tant de chants de triomphe & de signaux de détresse, est tiré d'une autorité que les partisans de la Convention n'essayeront pas de me contester sans doute ; puisque c'est dans ses propres débats que je viens de receuillir cette multitude d'aveux solemnels. Ce second tableau suffira, je pense, pour attester avec quel scrupule je m'étais abstenu de toute espèce d'exagérations dans le précédent, & combien la dilapidation des assignats, leur rapide dépréciation, l'accroissement de leur masse, &

---

sans doute allusion au bill que fit passer en effet M. Pitt, pour fermer aux Anglais *l'immense marché* des assignats, ou ce qui revient sans doute au même, pour interdire à ce papier-monnaie toute espèce de cours dans les trois Royaumes. Si jamais le Tribunal Révolutionnaire, dont Boissy d'Anglas menace encore M. Pitt, tente de faire porter sur ce dernier toute la responsabilité de cette méprise ; qui sait s'il ne se verra pas réduit à invoquer à son secours le Député Bourdon de l'Oise ; & si celui n'aura point la générosité de venir le défendre contre ses Juges Anglais en leur criant dans son langage : " Avides insulaires ! de quoi osez-vous " donc vous plaindre ? Si Pitt vous a privés du trésor *immense* de " nos assignats, ne vous a-t il pas laissés *gorger particulièrement* " *de notre numéraire ? Votre île n'est-elle* pas plus que jamais *maî*" *tresse du commerce du monde ?*"

leur réaction violente sur la ruine de la France, ont outrepassé tous mes pronostics : aussi en s'élevant avec indignation contre ces mêmes pronostics, le Comité des Finances a-t-il ajouté le 30 Juin par l'organe de Thibault, que *s'il fallait y répondre en détail, il aurait à soutenir une guerre polémique qui donnerait quelque consistance aux aggresseurs* (1).

Ah! sans doute un soin bien autrement pressant appelle aujourd'hui les dilapidateurs de la fortune publique. C'est celui de réparer autant qu'il est en eux les dilapidations auxquelles ils l'ont livrée.

Mais comment se peut-il que, parmi tant d'hommes qui en ont été alternativement chargés, & dont plu-

---

(1) Ce Comité s'engagea en même temps à y *répondre en masse. Bientôt*, dit-il avec triomphe, *nous donnerons le bilan de la Nation*. C'est là où je l'attends ; & c'est aussi ce que la nation ne cesse de réclamer de la manière la plus inquiétante pour lui. Voici comment s'exprime à ce sujet le *Courier Universel* du 7 Messidor. " Toujours des plans de finances, jamais des tableaux de situation ; toujours des moyens de retirer des assignats, & jamais des moyens d'en moins répandre : des énonciations vagues sur leur quantité, de grandes promesses sur leur gage ; de longs discours sur l'agiotage, & par-dessus tout cela, des décrets. Point de déclarations publiques & formelles de leur montant ; point d'état des gages vendus, & de ceux qui restent ; point de bilan fidèle, & de résultats clairs ; & l'on veut que les assignats se soutiennent ; & comment ? Avilis par ceux qui les prodiguent, redoutés de ceux qui les possèdent, ils semblent de main en main démentir tout ce qu'ils annoncent. La valeur que j'y lis n'a rien de réel ; l'hypothèque dont ils me parlent n'a rien de connu, ni de certain. Aujourd'hui l'Etat me paie avec cette monnaie, demain je ne peux plus m'acquitter avec elle. Une vignette, une légende, une figure, est un sujet d'effroi." &c.

ſieurs ont ſu braver des dangers de tant de ſortes, il ne s'en ſoit pas encore préſenté un ſeul qui ait eu le courage de dire publiquement à ſes Collègues ce que chacun d'eux doit ſe dire en ſecret avec ſa conſcience ?

“ Vous ne vous diſſimulez plus que la Révolution roule toute entière ſur le pivot des finances, & que leur ruine creuſe ſon tombeau. Ceſſez donc une fois de les livrer à ces empiriques ineptes qui vous ont fait ſucceſſivement adopter toutes leurs merveilleuſes & funeſtes recettes. N'écoutez plus que les terribles avertiſſemens de l'expérience. Elle vous crie qu'il faut de grands remèdes à de grands maux, & que, comme on vous l'a dit, c'eſt celui de la *gangrène* qui vous ronge. Sans doute, il ne s'agit plus de rendre à vos aſſignats leur premier crédit ; ce ferait, comme l'a obſervé l'un de vos écrivains, *avoir la prétention de rendre la vie à un cadavre :* (1) mais puiſque le peuple vous conjure de leur conſerver au moins la faible valeur qui leur reſte encore, reconnaiſſez donc que l'unique moyen d'y parvenir, c'eſt de ceſſer les nouvelles émiſſions qui minent la baſe des anciennes, & de *briſer*, comme on vous le propoſa il y a cinq mois, *les poinçons de la monnaie* Révolutionnaire. S'il vous eſt enfin bien démontré qu'on ne le pourra qu'à la paix générale ; pourquoi donc balancez-vous à l'acheter par la reſtitution volontaire de toutes vos conquêtes, de ces conquêtes inſenſées auxquelles votre intérêt ſeul vous preſcrirait de renoncer, lors même que votre horrible épuiſement ne vous interdirait pas tout eſpoir de les défendre.”

“ Quand

(1) *Courier Univerſel* du 17 Juin.

« Quand vous vous ferez délivrés de ce funeste fardeau, alors, mais seulement alors, vous pourrez diriger toutes vos forces vers les deux grandes mesures que réclame le salut de la patrie, & qu'elle ne tardera pas à vous arracher, si vous n'allez vous-mêmes au devant d'elles."

« La 1re sera de casser sans exception toutes les ventes de domaines nationaux faites ou acquittées pendant votre règne ; ventes tellement frauduleuses, que nous avons entendu répéter dans cette enceinte qu'une foule d'acquéreurs avaient retiré des fruits d'une seule année une valeur plus que suffisante pour s'acquitter du principal. Certes, ces nouveaux spoliateurs n'ont point pu se flatter que la Nation puisse jamais mettre son sceau à cette chaîne de contracts où elle a été si scandaleusement lésée."

« La 2de sera un acte de justice non moins urgent, celui de restituer sans délai, comme sans réserve, toutes les terres des émigrés ; d'effacer jusqu'à la dernière trace de ces abominables confiscations qui ont non-seulement ruiné les Français, mais la France entière ; de ne conserver en un mot que les domaines que vous appeliez ci-devant *nationaux*, & de n'en aliéner aucun qu'après la paix. Oui, l'unique moyen d'assurer aujourd'hui une hypothèque quelconque à vos créanciers, c'est d'épurer les propriétés qui en sont le gage. Et qu'ils ne croient pas que ce soit seulement la justice, ce sont sur-tout leurs intérêts qui réclament cette restitution universelle. En serait-il un seul parmi eux assez aveugle, pour ne pas voir que lors même que cette restitution devrait réduire l'hypothèque nationale au quart de sa masse, si par cela même ce quart peut se vendre seulement au tiers de son ancienne valeur, il produirait près du double de ce que produira jamais la totalité de cette masse, depuis que dans votre soif de confiscations vous imaginâtes de mettre un séquestre sur la France entière, & de faire un encan de la moitié de son territoire."

Non-seulement le Député qui eut pu s'honorer en proposant de pareilles mesures, ne s'est point trouvé; mais la Convention, tremblant qu'un pareil homme ne s'élévât parmi ses nouveaux associés, s'est flattée d'imposer silence à ceux-ci, & de les enchaîner par trois articles de sa nouvelle Constitution.

Le 1er est placé en tête de cet Acte même, & divise la France en un nombre fixe de départemens, dans la nomenclature desquels sont expressément comprises diverses conquêtes, telles que la Savoie, le Comté de Nice, Avignon, &c. &c. C'est-là ce que les Législateurs Français appellent *consommer* ces conquêtes; c'est-à-dire, qu'en les aggrégeant comme parties intégrantes à leur nouvelle République; en présentant cette aggrégation perpétuelle pour premier article de foi de leur nouvelle Constitution; & en faisant jurer au peuple de conserver celle-ci *inviolable*, & l'autre *indivisible*; leur Assemblée s'est flattée que ses successeurs, placés ainsi dans l'impuissance de porter une main sacrilége sur un dépôt si sacré, seront forcés par cela même de continuer malgré eux, & jusqu'à extinction, la guerre qu'elle leur lègue(1).

---

(1) Lorsque s'agita cet article, *Merlin* de Douai fut le seul qui osa, quoiqu'avec les plus grands ménagemens, éveiller l'attention

Le 2d exproprie & exile à jamais les Français qui ont *abandonné leur patrie depuis le* 15 *Juillet* 1789. Cet article, le CCCXL, *interdit* même expressément *au Corps Législatif de créer de nouvelles exceptions sur ce point.* (1)

---

de ses Collègues sur l'inconvenance de décréter si promptement des réunions irrévocables. Mais l'un des Députés de la Savoie ne manqua pas de lui observer à l'instant combien il serait indigne de la France de *laisser le moindre doute sur la loyauté de son alliance solemnelle* avec les Départemens déjà réunis : & les autres Députés de ces Départemens le secondèrent si bien contre Merlin, dont il n'était pas difficile de découvrir l'arrière pensée, qu'il n'osa point la développer : il battit en retraite, & eut même la lâcheté d'entrer dans leur sens en disant : *Alors je demande qu'il soit réservé de statuer sur les pays conquis. Mais,* ajouta-t-il, *je ne comprends pas sous ce nom le Mont Terrible, le Mont Blanc, & les Alpes maritimes, que nous ne pouvons plus céder ; car la réunion est* CONSOMMÉE, & *ils font partie de la France.*

C'est sans doute en contemplation de ce que la République n'a encore décrété d'autre réunion que celle de ces trois départemens outre celui de Vaucluse, que le Poëte-Lauréat de la Convention, *Boissy d'Anglas,* vient d'appeler les regards de l'Univers sur l'extrême modération de ses Collègues. *Puissances de l'Europe !* s'est-il écrié dans son brillant rapport du 23 Août, *jugez par notre conduite, si l'on doit nous supposer un esprit insensé de conquêtes !*

(1) Telle est l'espèce *d'amnistie* qu'on avait en quelque manière annoncée pour mettre le sceau de la bienfaisance à cette immuable Constitution ! En vain *Lanjuinais* a-t-il encore conjuré ses collègues, le 30 Août, d'observer que *la France presqu'entière est en saisie réelle* ; la Convention n'en a pas moins confirmé irrévocablement la sentence suprême proposée par ses trois Comités réunis. *Que les Emigrés,* s'étaient-ils écrié le 17 Août par l'organe de de Launay, *que les Emigrés aillent traîner dans l'opprobre, & hors du*

Le 3e, adopté le 17 Août comme article additionnel, prononce que les *acquéreurs des biens nationaux, quelle qu'en soit l'origine, ne pourront être dépossédés.*

Je ne sais combien de temps les successeurs de la Convention jugeront à-propos de respecter ce testament politique d'un nouveau genre : mais ceux d'entr'eux qui, pour en obtenir la cassation, voudront prouver l'état délirant du testateur lorsqu'on lui fit signer ces deux derniers codiciles, pourront du moins exhiber les déclarations suivantes, que, pour l'instruction de ses héritiers, il eut soin de déposer sur son bureau pendant les rares intervalles de ses accès convulsifs.

Les Jacobins avaient offert à vos créanciers pour garantie, des propriétés qu'ils sentaient bien que vous n'aviez pas le droit d'hypothéquer.—Vous savez tous que leurs confiscations furent des VOLS (1).

Non, vous ne voudrez pas que l'accusateur public du Tribunal Révolutionnaire de Paris puisse répondre à vos accusations, J'AI BATTU SUR LA PLACE DE LA RÉVOLUTION UNE MONNAIE QUE VOUS TROUVEZ JUSTE DE CONSERVER DANS VOS COFFRES, *& qu'il trouvât son absolution dans votre complicité.* (2)

---

territoire Français, leur existence ; qu'ils nous laissent jouir en paix du fruit de nos travaux !

Je n'ai pas besoin de dire, je pense, que dans le nouveau langage de la Convention, ces derniers mots signifient, *Qu'ils nous laissent jouir en paix du fruit de leurs dépouilles.*

(1) *Boissy d'Anglas*, le 20 Mars.

(2) *Boissy d'Anglas*, le 2 Mai.

Les loix de circonstances qu'on vous proposa, ces loix si sévères furent plutôt faites pour se rapprocher de la multitude, que pour opérer le bien public. La plus grande maladie de la République, c'est le désordre des finances. (1)

Si les finances périssent, vous périssez, & vous abymez l'Etat avec vous. (2)

Revoyez toutes les fausses opérations qui ont été faites en finance : dépouillez-vous de toutes les jongleries sanguinaires dont on a bercé la République. (3)

La garantie des finances repose sur un Gouvernement ferme & stable : tant que le vôtre ne sera pas organisé, on ne vous offrira sur les finances que des théories impuissantes. (4)

Les loix en finance forment une longue chaîne dont tous les anneaux sont étroitement liés, & correspondent l'un à l'autre : malheureusement, tous ces anneaux ont été rompus & brisés. (5)

Défiez-vous de l'empirisme qui prétend guérir promptement, & à la fois, les plaies profondes que la France a reçues. Vous sortez d'un état de choses sans exemple ; & la sagesse qui calcule sans découragement, mais sans enthousiasme, les remèdes qui restent pour tant de maux, ne trouve que des palliatifs plus ou moins fa-

---

(1) *Creuzé la Touche*, le 23 Juillet.

(2) *La Revilliere*, le 6 Mars.

(3) *Cambacérès*, le 4 Juin.

(4) *Johannot*, le 14 Avril.

(5) *Vernier*, le 27 Juillet.

vorables. CEST DE LA PAIX SUR-TOUT QUE DÉPEND LA RESTAURATION DES FINANCES. (1)

De bons projets ont été présentés en finance, tous d'un effet trop lent. On est tellement parvenu à démoraliser le peuple, que le meilleur plan sans doute serait de lui rendre sa morale, &c. &c. Tous ces bienfaits seront dans UNE PAIX GLORIEUSE ET DURABLE, DANS L'ÉTABLISSEMENT D'UN GOUVERNEMENT JUSTE, MAIS FERME, MAIS SÉVERE. (2)

De tant d'aveux mémorables, de tant d'avertissemens salutaires, le dernier sans doute est celui sur lequel il importe le plus aux successeurs de la Convention de fixer immédiatement leurs regards. *Rendre au peuple Français sa morale*, rétablir un *Gouvernement juste, mais ferme, mais sévère* ; obtenir une *paix durable* ; voilà l'œuvre qui leur reste à accomplir, avant d'entreprendre la *restauration des finances*. (3) Or, je

---

(1) *Johannot*, le 5 Mai.

(2) *Doulcet*, le 12 Mai.

(3) L'une des luttes les plus curieuses qui se soient élevées dans la Convention, est celle qui a eu lieu pour décider ce dont il était le plus urgent de s'occuper, ou de la restauration des finances, ou de l'œuvre d'une Législation. Thibault, depuis qu'il a pris le gouvernail des finances, n'a pas manqué de s'écrier que *rien n'était plus instant que de s'en occuper.—Je pense, au contraire*, lui répondit Bréard le 7 Mai, *que nous ne ferons rien de bon en finances. tant que nous n'aurons pas de Gouvernement. Thibault dit que le Gouvernement* MARCHE ; *moi, je dis qu'il se* TRAÎNE.

Après avoir hésité quelque temps entre ces deux Athlètes, la Convention n'a réussi à les mettre d'accord, qu'en prenant le parti de conduire alternativement & à la fois ces deux grandes entreprises. Ses successeurs ne tarderont pas à nous faire connaître laquelle des deux ils auront trouvée le mieux accomplie.

le leur répète : ils ne pourront arriver à un Gouvernement *juste, ferme,* & *févère,* qu'en rétrogradant vers la Monarchie : ils ne pourront reconftruire la *morale publique,* qu'en reftituant les confifcations qu'ils *favent tous être des* VOLS : enfin, ils ne pourront obtenir une *paix durable,* qu'en reftituant toutes leurs conquêtes.

Que ces nouveaux légiflateurs tentent, s'ils le veulent, de reculer ces trois époques ; elles arriveront en dépit d'eux ; car, en dépit d'eux, la ruine entière de leur papier-monnaie les accélère avec une rapidité redoublée. En dépit d'eux, le temps approche, où d'émiffions en émiffions il ne leur fera plus poffible d'en faire de nouvelles, (1) où leurs affignats n'exifteront plus, & où le nom feul *d'affignats* deviendra l'exécration de la France. Elle en brifera avec fureur la PLANCHE FÉCONDE qui n'a été pour elle qu'un inftrument de ruine ; elle fe dira que ce fut à l'aide de cette funefte invention qu'elle renverfa la Monarchie, qu'elle affaffina le meilleur de fes Rois, & qu'elle porta chez tous fes voifins la guerre la plus meurtrière qui ait jamais défolé l'Europe : elle reconnaîtra, mais trop tard, que ce furent ces mêmes affignats qui

(1) Cette époque ne peut pas être infiniment éloignée. Pour calculer l'éclipfe totale des affignats, il fuffit d'obferver que depuis 10 mois leur maffe a doublé, & qu'ils ne valent déjà plus que la 10e partie de ce qu'ils valaient encore alors. Si les Français méditent attentivement fur l'abus qu'on a fait de leur monnaie territoriale, ce n'eft point fur les frontières de leur République qu'ils découvriront fon ennemi le plus redoutable. C'eft dans leur Comité des finances que cet ennemi a établi fon camp.

4

organisèrent & soudoyèrent le Jacobinisme; *qu'ils corrompirent la morale, qu'ils trompèrent la probité fidelle aux loix*; qu'ils bouleversèrent la fortune publique, les propriétés individuelles, toutes les transactions des particuliers; qu'ils mirent dans un état continuel de piéges & de guerre, tous les contractans; que ce fut en se plaçant sous l'étendard de cette nouvelle espèce de guerre domestique, que les frères aînés retinrent le patrimoine de leurs jeunes frères; que le mari vola impunément la dot de sa femme, & *passa avec ses dépouilles dans les bras d'une autre*; en un mot, que les assignats, comme l'a si bien dit l'un des Députés, couvrirent la France entière *de la robe de Nessus*; (1) qu'ils isolèrent de la chose publique, le peuple des campagnes; qu'ils le désaccoutumèrent de s'acquitter de la dette sacrée des contributions, qu'ils *ruinèrent l'industrie*, qu'ils *tuèrent le commerce*, qu'ils *coupèrent par le pied l'arbre de la reproduction*; & qu'enfin ce fut l'illusion de cette ressource artificielle & criminelle, qui dans le court espace d'un lustre anéantit, peut-être pour plus d'un siècle, toutes les ressources réelles de la France.

Alors, mais seulement alors, tous ses habitans s'étonneront avec l'Europe entière, que leur nation ait été assez aveugle, assez stupide, ou assez perverse pour s'être nourrie, pendant cinq années, de l'étrange doctrine qu'en se volant elle-même, elle acquérait

(1) Le Député *La Rivière*, qui par ce seul trait peignit si bien le 2 Août les horribles effets des assignats, s'est écrié 4 jours après, avec déchirement: *La morale publique est corrompue. Ah! malheureux! c'est de toutes les plaies que vous nous avez faites la plus cruelle comme la plus difficile à guérir.*

une fortune colloſſale. Alors, l'univerſalité des Français regrettera avec amertume de n'avoir point écouté Mr. Pitt, lorſqu'il leur annonça d'une voix prophétique qu'ils ne recueilleraient de cette prétendue fortune colloſſale que les fruits paſſagers, mais amers, d'une filouterie giganteſque (1) ; & qu'avant peu, il ne leur en reſterait d'autres ſouvenirs que le remords & la misère ; cette misère affreuſe, à laquelle ils ſont déjà en proie, & dont quelques-uns des leurs eſſaient de les conſoler en l'appelant *une honorable misère.*

Et puiſqu'il eſt encore des Français en délire, qui, juſques dans les ſerres de cette misère, croient toujours à l'exiſtence de ce qu'ils appellent la *fortune nationale*, & à la poſſeſſion durable de leurs conquêtes ; je ne ceſſerai, pour achever de leur arracher le bandeau, je ne ceſſerai, dis-je, de leur demander dès aujourd'hui, ſur quoi ils comptent, lorſque la *planche féconde* des aſſignats aura atteint le dernier terme de ſa *ſtérilité* ; je ne ceſſerai de leur demander enfin quelle eſpèce de nouvelle pierre philoſophale ils ſe flattent de découvrir, pour pourvoir aux dépenſes de la campagne prochaine, & à celles de la ſuivante, ſi toutes leurs conquêtes ne leur ſont pas enlevées avant cette époque ?

Que ſi je ne puis leur arracher ni l'aveu de leur faibleſſe prochaine, ni un cri immédiat de paix générale ; s'ils continuent à n'écouter que ceux de leurs inſenſés mandataires, qui ne leur préſentent des *guirlandes d'olivier* que pour les inviter à en *ceindre leurs fron-*

(1) *A gigantic ſwindling plan.*

tières reculées & leur territoire aggrandi (1) ; alors je m'adresserai à cette puissante Confédération Germanique, dont ils persistent à vouloir démembrer l'Empire. Je signalerai aux Princes qui en tiennent les rênes, l'épuisement si total & si mérité de la France ; je les presserai de le mettre en évidence aux yeux de leurs sujets. Je les conjurerai de tenir ces derniers en garde contre ces hommes-femmes qui leur prêchent tour à tour la guerre, le découragement & le désespoir, & qui embrasseraient comme un bienfait inespéré toute trève qui leur offrirait la certitude d'une nouvelle guerre plus désastreuse encore que celle-ci. Oui, c'est au nom de la paix même que leurs peuples sollicitent de leur amour, que je solliciterai ces Princes d'en appeler à tous les vrais Germains, par la voie de la persuasion, par le cri du patriotisme, & de leur représenter combien, pour la durée même de la paix qu'implore l'Europe, il leur importe de continuer avec persévérance les sacrifices pénibles qui doivent inévitablement arracher aux Français toutes leurs conquêtes.

J'avais affirmé, dans le Chapitre précédent, que l'invention des assignats avait fait *naître la guerre*, & que leur anéantissement aménerait LA PAIX.

J'avais également affirmé que la *République périrait précisément comme avait péri la Monarchie*, *PAR LES FINANCES* (2).

---

(1) Fréron, le 20 Février 1795.

(2) Les chefs des Français commencent eux-mêmes à se deman-

Je répète ces deux assertions avec une confiance redoublée ; & j'en appelle aux événemens. Certes, le tableau que je viens de dérouler n'est point un tableau d'imagination ; c'est avec les crayons de l'histoire que je l'ai tracé.

---

der déjà, si en effet cet avenir ne leur serait point réservé : voici l'aveu que fit *Bourdon de l'Oise*, le 10 Mai.

Nous nous trouvons en ce moment, sous le rapport des finances, dans une situation forcée... En 1789 *aussi, notre situation était forcée ; qu'en résulta-t-il?* LA RÉVOLUTION. *Le* déficit *produisit la liberté : prenez garde que le discrédit actuel n'occasionne aussi dans l'Etat un* CHANGEMENT.

BIBLIOTHÈQUE NATIONALE I N. I

www.ingramcontent.com/pod-product-compliance
Ingram Content Group UK Ltd.
Pitfield, Milton Keynes, MK11 3LW, UK
UKHW022121190726
13855UKWH00003B/1001